财务管理创新与实践

万龙　陈玮　孙佳宁◎主编

山西出版传媒集团
三晋出版社

图书在版编目（CIP）数据

财务管理创新与实践 / 万龙，陈玮，孙佳宁主编．
--太原：三晋出版社，2024.1
　　ISBN 978-7-5457-2929-0

　　Ⅰ.①财… Ⅱ.①万… ②陈… ③孙… Ⅲ.①财务管理 Ⅳ.①F275

中国国家版本馆CIP数据核字（2024）第037741号

财务管理创新与实践

主　　编：万　龙　陈　玮　孙佳宁
责任编辑：张　路
出 版 者：山西出版传媒集团·三晋出版社
地　　址：太原市建设南路21号
电　　话：0351-4956036（总编室）
　　　　　0351-4922203（印制部）
网　　址：http://www.sjcbs.cn
经 销 者：新华书店
承 印 者：北京兴星伟业印刷有限公司
开　　本：720mm×1020mm　1/16
印　　张：9.75
字　　数：150千字
版　　次：2024年3月第1版
印　　次：2024年3月第1次印刷
书　　号：ISBN 978-7-5457-2929-0
定　　价：58.00元

如有印装质量问题，请与本社发行部联系　电话：0351-4922268

前　言

　　财务管理是对企业经营过程中的财务活动进行预测、组织、协调、分析和控制的管理活动。随着市场经济的不断发展和完善，企业的财务活动日益丰富，也日益复杂，在企业整个经营活动中处于举足轻重的核心地位，其成效如何，直接关系到企业的兴衰成败。

　　财务管理是对企业筹资管理活动、投资管理活动、营运资金管理活动和利润分配活动等四项财务活动进行综合性管理的工作。财务管理是企业管理的重要组成部分，科学高效的财务管理是企业生存及可持续发展的基础和前提。

　　财务管理是企业管理的一个组成部分，它是根据财经法规制度，按照财务管理的原则，组织企业财务活动，处理财务关系的一项经济管理工作。在现代企业管理当中，财务管理是一项涉及面广、综合性和制约性都很强的系统工程。它是通过价值形态对企业资金流动进行计划、决策和控制的综合性管理。每一个组织都需要进行资金的筹集、运用和分配等财务运作管理活动，财务管理就是关于企业如何有效地筹集资金和运用资金的科学。企业的生存与发展都离不开良好的财务管理。

　　当前，随着经济的快速发展，企业投资管理与资金运作存在着诸多暂时未能解决的问题，体现出了复杂化的态势。企业的投资在建设与发展中比重不断上升,这成为经济持续增长的动力。如何确定企业的投资,如何获得相应报酬,这些都影响着企业的发展。

我国改革开放以来,企业面临的竞争越来越激烈,企业的投资管理越来越重要,技术拉动市场、管理创造优势。由于社会环境的影响,企业在投资管理方面没有有效的管理方法,给企业造成巨大的经济损失,强化投资管理创新就成为新形势下竞争取胜的根本保障。

目　　录

第一章　财务管理的含义 ··· 1
　　第一节　财务管理的概念 ··· 1
　　第二节　财务管理的目标 ··· 5
　　第三节　财务管理的环节 ·· 11
　　第四节　财务管理的环境 ·· 14

第二章　财务管理的价值观念 ·· 21
　　第一节　资金的时间价值 ·· 21
　　第二节　风险与报酬 ·· 26

第三章　财务投资管理的创新 ·· 33
　　第一节　财务投资管理的概念及要素 ·································· 33
　　第二节　财务投资管理的现状分析 ···································· 37
　　第三节　财务风险投资管理的创新分析 ································ 41
　　第四节　财务投资管理的创新路径 ···································· 48

第四章　财务管理创新研究 ·· 52
　　第一节　财务管理创新的要素 ·· 52
　　第二节　财务管理创新的原则 ·· 56
　　第三节　财务管理创新的内容 ·· 61

第四节　财务管理创新的路径 …………………………………… 69

第五章　营运资金管理 …………………………………………… 76
第一节　货币资金的管理 ………………………………………… 76
第二节　应收账款的管理 ………………………………………… 82
第三节　存货的管理 ……………………………………………… 88

第六章　会计总论 ………………………………………………… 93
第一节　会计的意义 ……………………………………………… 93
第二节　会计的目标和对象 ……………………………………… 97
第三节　会计的基本前提和会计信息质量要求 ………………… 99
第四节　会计的职能和方法 ……………………………………… 108

第七章　会计管理体制 …………………………………………… 113
第一节　会计管理体制概述 ……………………………………… 113
第二节　会计管理体制的形成 …………………………………… 118
第三节　会计管理体制的恢复、健全和发展 …………………… 122
第四节　会计管理体制创新 ……………………………………… 126

第八章　会计管理的风险控制 …………………………………… 129

第九章　会计管理的实践应用研究 ……………………………… 132
第一节　税务会计管理的实践应用 ……………………………… 132
第二节　财务管理与会计管理的关系、衔接和应用 …………… 136
第三节　会计管理的创新应用 …………………………………… 139

参考文献 …………………………………………………………… 147

第一章 财务管理的含义

第一节 财务管理的概念

一、企业财务活动

企业财务活动是以现金收支为主的企业资金收支活动的总称。在社会主义市场经济条件下，一切物资都具有一定量的价值，它体现着耗费于物资中的社会必要劳动量，社会再生产过程中物资价值的货币表现，就是资金。在市场经济条件下，拥有一定数额的资金，是进行生产经营活动的必要条件。企业生产经营过程，一方面表现为物资的不断购进和售出；另一方面则表现为资金的支出和收回。企业的经营活动不断进行，也就会不断产生资金收支，企业资金的收支，构成了企业经济活动的一个独立方面，这便是企业的财务活动，企业财务活动可分为以下四个方面。

（一）企业筹资引起的财务活动

在商品经济条件下，企业要想从事经营活动，首先必须筹集一定数量的资金。企业通过发行股票、债券，吸收直接投资等方式筹集资金，表现为企业资金的收入。企业偿还借款、支付利息、股利以及付出各种筹资费用等，则表现为企业资金的支出。这种因为资金筹集而产生的资金收支，便是由企业筹资而引起的财务活动。

（二）企业投资引起的财务活动

企业筹集资金的目的是把资金用于生产经营活动以便取得盈利，不断增加企业价值。企业把筹集到的资金投资于企业内部用于购置固定资产、无形资产等，便形成企业的对内投资；企业把筹集到的资金投资于购买其他企业的股票、债券或与其他企业联营进行投资，便形成企业的对外投资。无论是企业购买内部所需各种资产，还是购买各种证券，都需要支出资金。当企业变卖其对内投资的各种资产或收回其对外投资时，则会产生资金的收入。这种因企业投资而产生的资金收支，便是由投资而引起的财务活动。

（三）企业经营引起的财务活动

企业在正常的经营过程中，会发生一系列的资金收支。首先，企业要采购材料或商品，以便从事生产和销售活动，同时，还要支付工资和其他营业费用；其次，当企业把产品或商品售出后，便可取得收入，收回资金；再次，如果企业现有资金不能满足企业经营的需要，还要采取短期借款方式来筹集所需资金。上述各方面都会产生企业资金的收支，此即属于企业经营引起的财务活动。

（四）企业分配引起的财务活动

企业在经营过程中会产生利润，也可能会因对外投资而分得利润，这表明企业有了资金的增值或取得了投资报酬。企业的利润要按规定的程序进行分配。首先，要依法纳税；其次，要用来弥补亏损，提取公积金；最后，要向投资者分配利润。这种因利润分配而产生的资金收支便属于由利润分配而引起的财务活动。

上述财务活动的四个方面，不是相互割裂、互不相关的，而是相互联系、相互依存的。正是上述互相联系又有一定区别的四个方面，构成了完整的企业财务活动，这四个方面也就是财务管理的基本内容：企业筹资管理、企业投资管理、营运资金管理，利润及其分配的管理。

二、企业财务关系

企业财务关系是指企业在组织财务活动过程中与各有关方面发生的经济关系。企业的筹资活动、投资活动、经营活动、利润及其分配活动与企业内部和外部的各方面有着广泛的联系。[①]企业的财务关系可概括为以下几个方面。

（一）企业同所有者之间的财务关系

这主要指企业的所有者向企业投入资金，企业向其所有者支付投资报酬所形成的经济关系，企业所有者主要有以下四类：①国家；②法人单位；③个人；④外商。

企业的所有者要按照投资合同、协议、章程的约定履行出资义务，以便及时形成企业的本金。企业利用本金进行经营，实现利润后，应按出资比例或合同、章程的规定，向其所有者分配利润。企业同其所有者之间的财务关系，体现着所有权的性质，反映着经营权和所有权的关系。

（二）企业同债权人之间的财务关系

这主要指企业向债权人借入资金，并按借款合同的规定按时支付利息和归还本金所形成的经济关系。企业除利用本金进行经营活动外，还要借入一定数量的资金，以便降低企业资金成本，扩大企业经营规模。企业的债权人主要有：①债券持有人；②贷款机构；③商业信用提供者；④其他出借资金给企业的单位或个人。

企业利用债权人的资金后，要按约定的利息率，及时向债权人支付利息。债务到期时，要合理调度资金，按时向债权人归还本金。企业同其债权人的关系体现的是债务与债权的关系。

[①] 李然. 财务分析在企业经济管理中的作用[J]. 现代营销：信息版，2022（4）：3.

（三）企业同被投资单位的财务关系

这主要是指企业将其闲置的资金以购买股票或直接投资的形式向其他企业投资所形成的经济关系，随着经济体制改革的深化和横向经济联合的开展，这种联系将会越来越广泛。企业向其他单位投资，应按约定履行出资义务，参与被投资单位的利润分配。企业与被投资单位的关系是体现所有权性质的投资与受资的关系。

（四）企业同债务人的财务关系

这主要是指企业将其资金以购买债券、提供借款或商业信用等形式出借给其他单位所形成的经济关系。企业将资金借出后，有权要求其债务人按约定的条件支付利息和归还本金。企业同其债务人的关系体现的是债权与债务的关系。

（五）企业内部各单位的财务关系

这主要是指企业内部各单位之间在生产经营各环节中相互提供产品或劳务所形成的经济关系。企业在实行内部经济核算制的条件下，其供、产、销各部门以及各生产单位之间，相互提供产品和劳务要进行计价结算。这种在企业内部形成的资金结算关系，体现了企业内部各单位之间的利益关系。

（六）企业与职工之间的财务关系

这主要是指企业向职工支付劳动报酬的过程中所形成的经济关系。企业要用自身产品的销售收入，向职工支付工资、津贴、奖金等，按照提供的劳动数量和质量支付职工的劳动报酬。这种企业与职工之间的财务关系，体现了职工和企业在劳动成果上的分配关系。

（七）企业与税务机关之间的财务关系

这主要是指企业要按税法的规定依法纳税而与国家税务机关所形成的

经济关系。任何企业都要按照国家税法的规定缴纳各种税款，以保证国家财政收入的实现，满足社会各方面的需要。及时、足额地纳税是企业对国家的贡献，也是对社会应尽的义务，因此企业与税务机关的关系反映的是依法纳税和依法征税的权利义务关系。

第二节　财务管理的目标

一、财务管理目标的相关理论

（一）利润最大化

利润最大化就是假定企业财务管理以实现利润最大化为目标。

以利润最大化作为财务管理的目标，其主要原因有三：一是人类从事生产经营活动的目的是创造更多的剩余产品，在市场经济条件下，剩余产品的多少可以用利润这个指标来衡量；二是在自由竞争的资本市场中，资本的使用权最终属于获利最多的企业；三是只有每个企业都最大限度地创造利润，整个社会的财富才可能实现最大化，从而带来社会的进步和发展。

利润最大化目标的主要优点是，企业追求利润最大化，就必须讲求经济核算，加强管理，改进技术，提高劳动生产率，降低产品成本。这些措施都有利于企业资源的合理配置，有利于企业整体经济效益的提高。

（二）股东财富最大化

股东财富最大化是指企业财务管理以实现股东财富最大化为目标。在上市公司，股东财富是由其所拥有的股票数量和股票市场价格两方面决定的。在股票数量一定时，股票价格达到最高，股东财富也就达到最大。

1. 股东财富最大化目标的优点。与利润最大化相比，股东财富最大化的主要优点是：①考虑了风险因素，因为通常股价会对风险做出较敏感的反应；②在一定程度上能避免企业短期行为，因为不仅目前的利润会影响股票价格，预期利润同样会对股价产生重要影响；③对上市公司而言，股东财富最大化目标比较容易量化，便于考核和奖惩。

2. 股东财富最大化目标的缺点。以股东财富最大化作为财务管理的目标也存在以下缺点：①通常只适用于上市公司，非上市公司难以应用，因为非上市公司无法像上市公司一样随时准确获得公司股价；②股价受众多因素影响，特别是企业外部的因素，有些还可能是非正常因素。股价不能完全准确反映企业财务管理状况，如有的上市公司处于破产的边缘，但由于可能存在某些机会，其股票市价可能还在走高；③它强调更多的是股东利益，而对其他相关者的利益重视不够。

（三）企业价值最大化

企业价值最大化是指企业财务管理行为以实现企业的价值最大化为目标。企业价值可以理解为企业所有者权益的市场价值，或者是企业所能创造的预计未来现金流量的现值。未来现金流量这一概念，包含了资金的时间价值和风险价值两个方面的因素。因为未来现金流量的预测包含了不确定性和风险因素，而现金流量的现值是以资金的时间价值为基础对现金流量进行折现计算得出的。

企业价值最大化要求企业通过采用最优的财务政策，充分考虑资金的时间价值和风险与报酬的关系，在保证企业长期稳定发展的基础上使企业总价值达到最大。

1. 企业价值最大化目标的优点。以企业价值最大化作为财务管理的目标，具有以下优点：①考虑了取得报酬的时间，并用时间价值的原理进行了计量；②考虑了风险与报酬的关系；③将企业长期、稳定的发展和持续的获利能力放在首位，能克服企业在追求利润上的短期行为，因为不仅目前的利润会影响企业的价值，未来的利润对企业价值增加也会产生重大影响；④用价值代替价格，克服了过多受外界市场因素的干扰，有效地规避了企业的短期行为。

2. 企业价值最大化目标存在的问题。以企业价值最大化作为财务管理的目标，也存在以下问题：①企业的价值过于理论化，不易操作。尽管对于上市公司，股票价格的变动在一定程度上揭示了企业价值的变化，但是股价是多种因素共同作用的结果，特别是在资本市场效率低下的情况下，股票价格很难反映企业的价值；②对于非上市公司，只有对企业进行专门的评估才能确定其价值，而在评估企业的资产时，由于受评估标准和评估方式的影响，很难做到客观和准确。

近年来，随着上市公司数量的增加，以及上市公司在国民经济中地位、作用的增强，企业价值最大化目标逐渐得到了广泛认可。

（四）相关者利益最大化

1. 相关者利益最大化目标具有现实需要。在现代企业是多边契约关系的总和的前提下，要确立科学的财务管理目标。首先就要考虑哪些利益关系会对企业发展产生影响。在市场经济中，企业的理财主体更加细化和多元化。股东作为企业所有者，在企业中承担着最大的权利、义务、风险和报酬，但是债权人、员工、企业经营者、客户、供应商和政府也为企业承担着风险。

第一，随着举债经营的企业越来越多，举债比例和规模也不断扩大，使得债权人的风险大大增加。

第二，在社会分工细化的今天，由于简单劳动越来越少，复杂劳动越来越多，使得职工的再就业风险不断增加。

第三，在现代企业制度下，企业经理人受所有者委托，作为代理人管理和经营企业，在激烈的市场竞争和复杂多变的形势下，代理人所承担的责任越来越大，风险也随之加大。

第四，由于市场竞争和经济全球化的影响，企业与客户以及企业与供应商之间不再是简单的买卖关系，更多的情况下是长期的伙伴关系，处于一条供应链上并共同参与同其他供应链的竞争，因而也与企业共同承担一部分风险。

第五，政府不管是作为出资人，还是作为监管机构，都与企业各方面的利益密切相关。

综上所述，企业的利益相关者不仅包括股东，还包括债权人、企业经营者、客户、供应商、员工、政府等，因此在确定企业财务管理目标时，不能忽视这些相关利益群体的利益。

2. 相关者利益最大化目标的具体内容，包括如下几个方面：①强调风险与报酬的均衡，将风险限制在企业可以承受的范围内；②强调股东的首要地位，并强调企业与股东之间的协调关系；③强调对代理人即企业经营者的监督和控制，建立有效的激励机制以促进企业战略目标的顺利实施；④关心本企业普通职工的利益，创造优美和谐的工作环境，提供合理恰当的福利待遇，培养职工长期努力为企业工作的积极性；⑤不断加强与债权人的联系，培养可靠的资金供应者；⑥关心客户的长期利益，以便保持销售收入的长期稳定增长；⑦加强与供应商的协作，共同面对市场竞争，并注重企业形象的宣传，遵守承诺，讲究信誉；⑧保持与政府部门的良好关系。

3. 相关者利益最大化目标的优点。以相关者利益最大化作为财务管理的目标，具有以下优点。

第一，有利于企业长期稳定发展。这一目标注重企业在发展过程中考虑并满足各利益相关者的利益。在追求长期稳定发展的过程中，站在企业的角度进行投资研究，避免只站在股东的角度进行投资可能导致的一系列问题。

第二，体现了合作共赢的价值理念，有利于实现企业经济效益和社会效益的统一，由于兼顾了企业、股东、政府、客户等的利益，企业就不仅仅是一个单纯谋利的组织，还承担了一定的社会责任，企业在寻求自身的发展和利益最大化过程中，会考虑客户及其他利益相关者的利益，就会依法经营，依法管理，正确处理各种财务关系，自觉维护和切实保障国家、集体和社会公众的合法权益。

第三，这一目标本身是一个多元化、多层次的目标体系，较好地兼顾了各利益主体的利益。这一目标可使企业各利益主体相互作用、相互协调，并使企业利益、股东利益达到最大化的同时，也使其他利益相关者的利益达到最大化，也就是将企业财富这块"蛋糕"做到最大的同时，保证每个利益主体所得的"蛋糕"更多。

第四，体现了前瞻性和现实性的统一。比如，企业作为利益相关者之一，有其一套评价指标，如未来企业报酬贴现值，股东的评价指标可以使用股票市价，债权人可以以风险最小、利息最大为目标，工人可以关注工资福利，政府可以考虑社会效益等。不同的利益相关者有各自的指标，只要合理合法、互利互惠、相互协调，就可以实现所有相关者利益最大化。

二、财务管理目标的矛盾与协调

将相关者利益最大化作为财务管理目标，其首要任务就是要协调相关者的利益关系，化解他们之间的利益冲突。协调相关者的利益冲突，要把握的原则是：尽可能使企业相关者的利益分配在数量上和时间上达到动态协调平衡，而在所有的利益冲突协调中，所有者与经营者、所有者与债权人的利益冲突协调又至关重要。

（一）所有者与经营者利益冲突的协调

在现代企业中，经营者一般不拥有占支配地位的股权，他们只是所有者的代理人。所有者期望经营者代表他们的利益工作，实现所有者财富最大化，而经营者则有其自身的利益考虑，二者的目标会经常不一致。通常而言，所有者支付给经营者报酬的多少，在于经营者能够为所有者创造多少财富。经营者和所有者的主要利益冲突，就是经营者希望在创造财富的同时，能够获取更多的报酬、更多的享受；而所有者则希望以较小的代价（支付较少的报酬）实现更多的财富。为了协调这一利益冲突，通常可采取以下方式解决。

1. 解聘。这是一种通过所有者约束经营者的办法。所有者对经营者予以监督，如果经营者绩效不佳，就解聘经营者；经营者为了不被解聘就需要努力工作，为实现财务管理目标服务。

2. 接收。这是一种通过市场约束经营者的办法。如果经营者决策失误，经营不力，绩效不佳，该企业就可能被其他企业强行接收或吞并，相应经营者也会被解聘。经营者为了避免这种接收，就必须努力实现财务管理目标。

3. 激励。激励就是将经营者的报酬与其绩效直接挂钩，以使经营者自觉采取能提高所有者财富的措施。激励通常有两种方式：①股票期权。它是允许经营者以约定的价格购买一定数量的本企业股票，股票的市场价格高于约定价格的部分就是经营者所得的报酬。经营者为了获得更大的股票涨价益处，就必然主动采取能够提高股价的行动，从而增加所有者财富；②绩效股。它是企业运用每股收益、资产收益率等指标来评价经营者绩效，并视其绩效大小给予经营者数量不等的股票作为报酬。如果经营者绩效未能达到规定目标，经营者将丧失原先持有的部分绩效股。这种方式使经营者不仅为了多得绩效股而不断采取措施提高经营绩效，而且为了使每股市价最大化，也会采取各种措施使股票市价稳定上升，从而增加所有者财富。即使由于客观原因股价并未提高，经营者也会因为获取绩效股而获利。

（二）所有者与债权人的利益冲突协调

所有者的目标可能与债权人期望实现的目标发生矛盾。首先，所有者可能要求经营者改变举债资金的原定用途，将其用于风险更高的项目，这会增大偿债风险，债权人的负债价值也必然会降低，造成债权人风险与收益的不对称。因为高风险的项目一旦成功，额外的利润就会被所有者独享；

但若失败，债权人却要与所有者共同负担由此而造成的损失；其次，所有者可能在未征得现有债权人同意的情况下，要求经营者举借新债，因为偿债风险相应增大，从而致使原有债权的价值降低。所有者与债权人的上述利益冲突，可以通过以下方式解决。

1. 限制性借债。债权人通过事先规定的借债用途限制、借债担保条款和借债信用条件，使所有者不能通过以上两种方式削弱债权人的债权价值。

2. 收回借款或停止借款。当债权人发现企业有侵蚀其债权价值的意图时，采取收回债权或不再给予新借款的措施，从而保护自身权益。

第三节　财务管理的环节

一、财务预测

财务预测是企业根据财务活动的历史资料，考虑现实条件与要求，运用特定方法对企业未来的财务活动和财务成果做出科学预计或测算。财务预测是进行财务决策的基础，是编制财务预算的前提。

第一，财务预测的任务。主要包括：①测算企业财务活动的数据指标，为企业决策提供科学依据；②预计企业财务收支的发展变化，确定企业未来的经营目标；③测定各项定额和标准，为编制计划、分解计划指标提供依据。

第二，财务预测的步骤。财务预测是按照一定的程序进行的，其步骤如下：①确立财务预测的目标，使预测工作有目的地进行；②收集、分析财务预测的资料，并加以分类和整理；③建立预测模型，有效地开展预测工作；④论证预测结果，检查和修正预测的结果，分析产生的误差及其原因，以确保目标的完成。

财务预测所采用的方法主要有两种：一是定性预测，是指企业缺乏完整的历史资料或有关变量之间不存在较为明显的数量关系时，专业人员进行的主观判断与推测；二是定量预测，是指企业根据比较完备的资料，运用数学方法，建立数学模型，进行客观预测。实际工作中，通常将两者结合起来进行财务预测。

二、财务决策

财务决策是企业财务人员按照企业财务管理目标，利用专门方法对各种备选方案进行比较分析，并从中选出最优方案的过程。它不是拍板决定的瞬间行为，而是提出问题、分析问题和解决问题的全过程。正确的决策可使企业起死回生，错误的决策可导致企业毁于一旦，所以财务决策是企业财务管理的核心，其成功与否直接关系到企业的兴衰成败。

财务决策不同于一般业务决策，具有很强的综合性。其决策程序如下：①确定决策目标。以预测数据为基础，结合本企业总体经营的部署和国家宏观经济的要求，确定决策期内企业需要实现的财务目标；②提出备选方案。以确定的财务目标为主，考虑市场可能出现的变化，结合企业内外有关财务和其他经济活动的资料以及调查研究材料，设计出实现财务目标的各种备选方案；③选择最优方案。通过对各种可行备选方案的分析论证与对比研究，做出最优财务决策。

财务决策常用的主要方法有：比较分析法、线性规划法、概率决策法和最大最小收益值法等。

三、财务预算

财务预算是指企业运用科学的技术手段和数量方法，对未来财务活动的内容及指标进行综合平衡与协调的具体规划。财务预算是以财务决策确立的方案和财务预测提供的信息为基础编制的，是财务预测和财务决策的具体化，是财务控制和财务分析的依据，贯穿企业财务活动的全过程。

财务预算的编制程序如下：①分析财务环境，确定预算指标；②协调财务能力，保证综合平衡；③选择预算方法，编制财务预算。

四、财务控制

财务控制是在财务管理过程中，利用有关信息和特定手段，对企业财务活动所施加的影响和进行的调节。实行财务控制是落实财务预算、保证预算实现的有效措施，也是责任绩效考评与奖惩的重要依据。

第一，财务控制实施的步骤。主要包括：①制定控制标准，分解落实责任；②实施追踪控制，及时调整误差；③分析执行情况，搞好考核奖惩。

第二，财务控制的主要方法。主要包括：①事前控制。这是在财务活动发生之前所进行的控制活动；②事中控制。这是对企业生产经营活动中实际发生的各项业务活动按照计划和制度的要求进行审核，并采取措施加以控制；③事后控制。这是在财务计划执行后，认真分析检查实际与计划之间的差异，采取切实的措施，消除偏差或调整计划，使差异不致扩大。

五、财务分析

财务分析是根据企业核算资料，运用特定方法，对企业财务活动过程及其结果进行分析和评价的一项工作。财务分析既是本期财务活动的总结，也是下期财务预测的前提，具有承上启下的作用。通过财务分析，可以掌握企业财务预算的完成情况，评价财务状况，研究和掌握企业财务活动的规律，改善财务预测、财务决策、财务预算和财务控制，提高企业财务管理水平。

一般而言，财务分析的内容包括：①分析偿债能力。企业偿债能力分析包括短期偿债能力分析和长期偿债能力分析。短期偿债能力分析主要分析企业债务能否及时偿还。长期偿债能力分析主要分析企业资产对债务本金的支持程度和对债务利息的偿付能力；②分析营运能力。营运能力分析既要从资金周转期的角度来评价企业经营活动量的大小和资产利用效率的高低，又要从资产结构的角度来分析企业资产构成的合理性；③分析盈利能力。盈利能力分析主要分析企业营业活动和投资活动产生收益的能力，包括企业盈利水平分析、社会贡献能力分析、资本保值增值能力分析以及上市公司税后利润分析；④分析综合财务能力。从总体上分析企业的综合财务实力，评价企业各项财务活动的相互联系和协调情况，揭示企业经济活动中的优势和薄弱环节，指明改进企业工作的主要方向。

财务分析常用的方法有对比分析法、因素分析法、趋势分析法和比率分析法等。

第四节 财务管理的环境

一、财务管理环境的概念

财务管理环境是指对企业财务活动和财务管理产生影响的企业内外各种条件和因素的统称，财务管理活动总是在一定的环境下进行的。企业财务管理工作作为一项重要的、高层次的企业管理工作，必须对企业所面临的财务管理环境有一个清楚的了解，否则可能会导致企业经营决策的重大失误，甚至会使企业财务工作寸步难行。

二、财务管理环境的分类

按照财务管理环境的范围，可以分为企业内部财务管理环境和企业外部财务管理环境两类。企业内部财务管理环境是指各财务个体内部的财务管理环境，主要包括企业的组织形式、执行的制度、经济结构及管理基础等条件和因素。企业外部财务管理环境是指处于财务个体之外直接或间接影响企业财务管理活动的各种条件和因素的总和。按照财务管理所处环境的性质，可以分为政治环境、经济环境、金融环境和法律环境等。

（一）政治环境

政治环境是国家法制、社会制度、政治形势、方针政策等条件和因素的统称。政治环境是企业财务管理的大环境，它具有引导性、超经济性和强制性的特点，从整体上影响着企业财务管理活动的策划和进行。企业要认真学习有关方针政策，预测其未来发展的趋势，以便及时把握有利时机，在保证国家宏观调控目标实现的前提下，为企业自身创造有利的发展环境。

（二）经济环境

经济环境是指影响企业财务管理的各种经济因素，如经济周期、经济发展水平、通货膨胀状况、政府的经济政策等。在影响财务管理的各种外部环境中，经济环境是最为重要的。

1．经济周期。市场经济条件下，经济发展与运行带有一定的波动性。大体上经历复苏、繁荣、衰退和萧条几个阶段的循环，这种循环叫作经济周期。在不同的经济周期，企业应采用不同的财务管理战略。

2．经济发展水平。财务管理的发展水平是和经济发展水平密切相关的，经济发展水平越高，财务管理水平也越高。财务管理水平的提高，将推动企业降低成本，改进效率，提高效益，从而促进经济发展水平的提高。而经济发展水平的提高，将改变企业的财务战略、财务理念，财务管理模式和财务管理的方法和手段，从而促进企业财务管理水平的提高。财务管理应当以经济发展水平为基础，以宏观经济发展目标为导向，从业务工作角度保证企业经营目标和经营战略的实现。

3．宏观经济政策。一个国家的经济政策，如国家的产业政策、财税政策、金融政策、外汇政策、外贸政策、货币政策等，对企业的财务管理活动都有重要影响。如：金融政策中的货币发行量、信贷规模会影响企业投资的资金来源和投资的预期收益；财税政策会影响企业的资金结构和投资项目的选择等；价格政策会影响资金的投向和投资的回收期及预期收益；会计制度的改革会影响会计要素的确认和计量，进而对企业财务活动的事前预测、决策及事后的评价产生影响等。

4. 通货膨胀水平。通货膨胀对企业财务活动的影响是多方面的。主要表现在：①使得资金占用大量增加，从而增加企业的资金需求；②使得企业利润虚增，造成企业资金由于利润分配而流失；③使得利润上升，增加企业的权益资金成本；④使得有价证券价格下降，增加企业的筹资难度；⑤使得资金供应紧张，增加企业的筹资困难度。

为了减轻通货膨胀对企业造成的不利影响，企业应当采取措施予以防范。在通货膨胀初期，货币面临着贬值的风险，这时企业进行投资可以避免风险，实现资本保值；与客户应签订长期购货合同，以减少物价上涨造成的损失；取得长期负债，保持资本成本的稳定。在通货膨胀持续期，企业可以采用比较严格的信用条件，减少企业债权；调整财务政策，防止和减少企业资本流失等。

（三）金融环境

金融环境是企业财务管理最主要的环境因素。财务管理的金融环境主要包括金融机构、金融工具、金融市场和利率四个方面。

1. 金融机构。金融机构包括银行金融机构和非银行金融机构两部分。银行金融机构主要包括中国人民银行、各种商业银行以及政策性银行等。非银行金融机构包括金融资产管理公司、信托投资公司、财务公司和金融租赁公司等。

2. 金融工具。金融工具是指在信用活动中产生的、能够证明债权债务关系并据以进行货币资金交易的合法凭证，它对于债权债务双方所应承担的义务与享有的权利均具有法律效力。金融工具一般具有期限性、流动性、风险性和收益性四个基本特征。金融工具按期限，可分为货币市场工具和资本市场工具两类：前者主要包括商业票据、国库券（国债）、可转让大额定期存单、回购协议等；后者主要包括股票和债券等。

3．金融市场。金融市场是由个人、组织机构以及把资金需求者和供给者联系在一起的金融工具和程序所组成的一个系统。任何需要货币和提供货币的个人和组织都能在金融市场这个系统中进行交易。与那些实物产品交易市场（如农产品、设备、物资、汽车等市场）不同，金融市场交易的对象是股票、债券、抵押品和其他能在未来产生现金流量的实物资产要求权，交易活动包括货币的借贷、外汇的买卖、证券的发行与流通、黄金价格的确定与买卖等。

金融市场可以按照不同的标准进行分类。

（1）货币市场和资本市场：以期限为标准，金融市场可分为货币市场和资本市场。货币市场又称短期金融市场，是指以期限在1年以内的金融工具为媒介，进行短期资金融通的市场，包括同业拆借市场、票据市场、大额定期存单市场和短期债券市场。货币市场的主要功能是调节短期资金融通。其主要特点是：①期限短。一般为3~6个月，最长不超过1年；②交易目的是解决短期资金周转。它的资金来源主要是资金所有者暂时闲置的资金，融通资金的用途一般是弥补短期资金的不足；③金融工具有较强的"货币性"，具有流动性强、价格平稳、风险较小等特性。

资本市场又称长期金融市场，是指以期限在1年以上的金融工具为媒介，开展长期资金交易活动的市场，包括股票市场和债券市场。资本市场的主要功能是实现长期资本融通。其主要特点是：①融资期限长，至少1年，最长可达10年以上；②融资的目的是解决长期投资性资本的需要，用于补充长期资本，扩大生产力；③资本借贷量大；④收益较高但风险也较大。

（2）发行市场和流通市场：以功能为标准，金融市场可分为发行市场和流通市场。发行市场又称为一级市场，它主要处理金融工具的发行与最初购买者之间的交易；流通市场又称为二级市场，它主要处理现有金融工具转让和变现的交易。

(3) 资本市场、外汇市场和黄金市场：以融资对象为标准，金融市场可分为资本市场、外汇市场和黄金市场。资本市场以货币和资本为交易对象，外汇市场以各种外汇金融工具为交易对象，黄金市场则是集中进行黄金买卖和金币兑换的交易市场。

(4) 基础性金融市场和金融衍生品市场：按所交易金融工具的属性，金融市场可分为基础性金融市场与金融衍生品市场。基础性金融市场是指以基础性金融产品为交易对象的金融市场，如商业票据、企业债券、企业股票的交易市场；金融衍生品市场是指以金融衍生品为交易对象的金融市场，如远期、期货、掉期（交换）、期权，以及具有远期、期货、掉期（交换）、期权中一种或多种特征的结构化金融工具的交易市场。

(5) 地方性金融市场、全国性金融市场和国际性金融市场：以地理范围为标准，金融市场可分为地方性金融市场、全国性金融市场和国际性金融市场。

4. 利率。利率也称利息率，是利息占本金的百分比。从资金的借贷关系看，利率是一定时期运用资金这一资源的交易价格。如同任何商品的价格是由供应和需求两方面来决定一样，利率主要由资金的供给和需求来决定，特殊的是，除此之外，经济周期、通货膨胀、国家货币政策和财政政策、国际经济政治关系、国家利率管制程度等，对利率的变动都有不同程度的影响。利率通常由三部分组成：纯利率、通货膨胀补偿率（或称通货膨胀贴水）和风险收益率。这样，利率的一般计算公式如下：

$$利率 = 纯利率 + 通货膨胀补偿率 + 风险收益率$$

(1) 纯利率：是指没有风险和通货膨胀情况下的均衡利率。影响纯利率的基本因素是资金供应量和需求量，因而纯利率不是一成不变的，它随资金供求的变化而不断变化。精确测定纯利率是非常困难的，在实际工作中，通常以无通货膨胀情况下无风险证券利率来代表纯利率。

(2) 通货膨胀补偿率：由于通货膨胀会降低货币的实际购买力，为弥补其购买力损失而在纯利率的基础上加上通货膨胀补偿率。资金的供应者在通货膨胀的情况下，必然要求提高利率以补偿其购买力损失，所以无风险证券的利率，除纯利率之外还应加上通货膨胀因素，以补偿通货膨胀所遭受的损失。例如，政府发行的短期无风险证券（如国库券）的利率就是由这两部分内容组成的，其表达式为：

短期无风险证券利率 = 纯利率 + 通货膨胀补偿率

（3）风险收益率：包括违约风险收益率、流动性风险收益率和期限风险收益率等。其中，违约风险收益率是指为了弥补因债务人无法按时还本付息而带来的风险，由债权人要求提高的利率；流动性风险收益率是指为了弥补因债务人资产流动性不好而带来的风险，由债权人要求提高的利率；期限风险收益率是指为了弥补因偿债期长而带来的风险，由债权人要求提高的利率。

（四）法律环境

国家管理经济活动和经济关系的手段包括行政手段、经济手段和法律手段三种。市场经济是法治经济，企业的一切经济活动总是在法律规定的一定范围内进行的。法律既对企业的经济行为进行约束，也为企业从事各种合法经济活动提供保护。法律环境主要包括企业组织法规、税务法规、财务会计法规等，是指企业所处社会的法治建设及其完善程度。企业和外部发生经济关系时必须遵守这些法律、法规和规章制度。它们通过规范市场经济主体而使市场经济的微观基础得以规范化。法律在市场经济中的重要作用表现在：维护市场主体的平等地位、意志自由和正当权益，规范市场主体的行为和企业所有者、债权人和经营者的权利和义务，维护社会经济秩序，保证党的基本路线和国家的各项方针政策得到贯彻实施。企业财务管理中应遵循的法律法规如下。

1. 企业组织法。企业是市场经济的主体，不同组织形式的企业所适用的法律不同，按照国际惯例，企业划分为独资企业、合伙企业和公司制企业，各国均有相应的法律来规范这三类企业的行为，因此不同组织形式的企业在进行财务管理时，必须熟悉其企业组织形式对财务管理的影响，从而做出相应的财务决策。

2. 税收法规。税法是税收法律制度的总称，是调整税收征纳关系的法规规范。与企业相关的税种主要有以下五种：①所得税类。包括企业所得税、个人所得税；②流转税类。包括增值税、消费税、营业税、城市维护建设税；③资源税类。包括资源税、城镇土地使用税、土地增值税；④财产税类。财产税；⑤行为税类。印花税、车船税。

3. 财务法规。企业财务法规制度是规范企业财务活动，协调企业财务关系的法律文件。我国目前企业财务管理法规制度有《企业财务通则》、行业财务制度和企业内部财务制度三个层次。

4. 其他法规。如《证券交易法》《票据法》《银行法》等。

从整体上说，法律环境对企业财务管理的影响和制约主要表现在以下方面：在筹资活动中，国家通过法律规定了筹资的前提条件和基本程序，如《公司法》就对公司发行债券和股票的条件做出了严格的规定。

在投资活动中，国家通过法律规定了投资的方式和条件，如《公司法》规定股份公司的发起人可以用货币资金出资，也可以用实物、工业产权、非专利技术、土地使用权作价出资，规定了投资的基本程序、投资方向和投资者的出资期限及违约责任，如企业进行证券投资必须按照《证券法》所规定的程序来进行，企业投资必须符合国家的产业政策，符合公平竞争的原则。

在分配活动中，国家通过法律如《税法》《公司法》《企业财务通则》及《企业财务制度》规定了企业成本开支的范围和标准，企业应缴纳的税种及计算方法，利润分配的前提条件、去向、一般程序及重大比例。在生产经营活动中，国家规定的各项法律也会引起财务安排的变动或者说在财务活动中必须予以考虑。

第二章　财务管理的价值观念

第一节　资金的时间价值

一、资金时间价值的概念和条件

（一）资金时间价值的概念

资金的时间价值是指在不考虑风险和通货膨胀的情况下，一定量资金在不同时点上价值量的差额，也称为货币的时间价值。资金在周转过程中会随着时间的推移而发生增值，使资金在投入、收回的不同时点上价值不同，形成价值差额。[①]

日常生活中，经常会遇到这样一种现象，一定量的资金在不同时点上具有不同价值，现在的1元钱比将来的1元钱更值钱。例如，我们现在有1000元，存入银行，银行的年利率为5%，1年后可得到1050元，于是现在1000元与1年后的1050元相等。因为这1000元经过1年的时间增值了50元，这增值的50元就是资金经过1年时间的价值。同样，企业的资金投到生产经营中，经过生产的不断运行、资金的不断运动，随着时间的推移，会创造新的价值，使资金得以增值。因此，一定量的资金投入生产经营或存入银行，会取得一定的利润和利息，从而产生资金的时间价值。

---

①吴丹.货币时间价值在教育投资决策中的应用[J].2021（2011-4）：101—105.

（二）资金时间价值产生的条件

资金时间价值产生的前提条件，是由于商品经济的高度发展和借贷关系的普遍存在，出现了资金使用权与所有权的分离。资金的所有者把资金使用权转让给使用者，使用者必须把资金增值的一部分支付给资金的所有者作为报酬。资金占用的金额越大，使用的时间越长，所有者所要求的报酬就越高。资金在周转过程中的价值增值是资金时间价值产生的根本源泉。

（三）资金时间价值的表示形式

资金的时间价值可用绝对数（利息）和相对数（利息率）两种形式表示，通常用相对数表示。资金时间价值的实质是没有风险和没有通货膨胀条件下的社会平均资金利润率，是企业资金利润率的最低限度，也是使用资金的最低成本率。

二、一次性收付款项的终值和现值

由于资金在不同时点上具有不同的价值，不同时点上的资金就不能直接比较，必须换算到相同的时点上才能比较，因此掌握资金时间价值的计算就很重要。资金时间价值的计算包括一次性收付款项和非一次性收付款项（年金）的终值、现值。

一次性收付款项是指在某一特定时点上一次性支出或收入，经过一段时间后再一次性收回或支出的款项，例如，现在将一笔10000元的现金存入银行，5年后一次性取出本利和。资金时间价值的计算，涉及两个重要的概念：现值和终值。现值又称本金，是指未来某一时点上的一定量现金折算到现在的价值。终值又称将来值或本利和，是指现在一定量的现金在将来某一时点上的价值。由于终值与现值的计算与利息的计算方法有关，而利息的计算有复利和单利两种，因此终值与现值的计算也有复利和单利之分。在财务管理中，一般按复利来计算。

（一）单利的现值和终值

单利是指只对本金计算利息，利息部分不再计息，通常用 P 表示现值，F 表示终值，i 表示利率（贴现率、折现率），n 表示计算利息的期数，I 表示利息。

1．单利的利息。

$$I = P \times i \times n$$

2．单利的终值。

$$F = P \times (1 + i \times n)$$

3．单利的现值。

$$P = F/(1 + i \times n)$$

（二）复利的现值和终值

复利是指不仅对本金要计息，而且对本金所生的利息也要计息，即"利滚利"。

1．复利的终值。复利的终值是指一定量的本金按复利计算的若干年后的本利和。

复利终值的计算公式为：

$$F = P \times (1 + i)^n$$

上式中 $(1+i)^n$ 称为"复利终值系数"或"1元复利终值系数"，用符号 $(F/P,i,n)$ 表示，其数值可查阅1元复利终值表。

2．复利的现值。复利现值是指在将来某一特定时间取得或支出一定数额的资金，按复利折算到现在的价值。复利现值的计算公式为：

$$P = F/(1+i)^n = F \times (1+i)^{-n}$$

式中的 $(1+i)^{-n}$ 称为"复利现值系数"或"1元复利现值系数"，用符号 $(P/F,i,n)$ 表示，其数值可查阅1元复利现值表。

3．名义利率和实际利率。在前面的复利计算中，所涉及的利率均假设为年利率，并且每年复利一次。但在实际业务中，复利的计算期不一定是1年，可以是半年、一季、一月或一天复利一次。当利息在一年内要复利几次时，给出的年利率称为名义利率，用r表示，根据名义利率计算出的每年复利一次的年利率乘实际利率，用i表示。实际利率和名义利率之间的关系如下：

$$i = \left(1 + \frac{r}{m}\right)^m - 1$$

式中：m——每年复利的次数。

三、年金的终值和现值

年金是指一定时期内，每隔相同的时间，收入或支出相同金额的系列款项。例如，折旧租金、等额分期付款、养老金、保险费、零存整取等都属于年金问题。年金具有连续性和等额性特点，连续性要求在一定时间内，间隔相等时间就要发生一次收支业务，中间不得中断，必须形成系列。等额性要求每期收、付款项的金额必须相等。

年金根据每次收付发生的时点不同，可分为普通年金、预付年金、递延年金和永续年金四种。

（一）普通年金

1. 普通年金的终值。普通年金是指在每期的期末，间隔相等时间，收入或支出相等金额的系列款项。每一间隔期，有期初和期末两个时点，由于普通年金是在期末这个时点上发生收付，故又称后付年金。

2. 年偿债基金。计算年金终值，一般是已知年金，然后求终值。有时我们会碰到已知年金终值，反过来求每年支付的年金数额，这是年金终值的逆运算，我们把它称作年偿债基金的计算，计算公式如下：

$$A = F \times \frac{i}{(1+i)^n - 1}$$

$\dfrac{i}{(1+i)^n - 1}$ 称作"偿债基金系数",记为 $(A/F,i,n)$,可查偿债基金系数表,也可根据年金终值系数的倒数来得到,即 $(A/F,i,n) = 1/(F/A,i,n)$。利用偿债基金系数可把年金终值折算为每年需要支付的年金数额。

3．普通年金的现值。普通年金的现值是指一定时期内每期期末等额收支款项的复利现值之和。

4．年回收额。在已知年金的条件下,计算年金的现值,也可以反过来在已知年金现值的条件下求年金,这是年金现值的逆运算,可称作年回收额的计算,计算公式如下:

$$A = P \times \dfrac{i}{1 - (1+i)^{-n}}$$

$\dfrac{i}{1 - (1+i)^{-n}}$ 称作"回收系数",记作 $(A/P,i,n)$,是年金现值系数的倒数,可查表获得,也可利用年金现值系数的倒数来求得。

(二) 预付年金

预付年金是指每期收入或支出相等金额的款项是发生在每期的期初,而不是期末,也称先付年金或即付年金。

预付年金与普通年金的区别在于收付款的时点不同,普通年金在每期的期末收付款项,预付年金在每期的期初收付款项。

(三) 递延年金

前两种年金的第一次收付时间都发生在整个收付期的第一期,要么在第一期期末,要么在第一期期初,但有时会遇到第一次收付不发生在第一期,而是隔了几期后才在以后的每期期末发生一系列的收支款项。这种年金形式就是递延年金,它是普通年金的特殊形式。因此,凡是不在第一期开始收付的年金,称为递延年金。

（四）永续年金

永续年金是指无限期收入或支出相等金额的年金，也称永久年金。它也是普通年金的一种特殊形式，由于永续年金的期限趋于无限，没有终止时间，因而也没有终值，只有现值。

第二节　风险与报酬

一、风险的概念

风险是指一定条件下，一定时期内，某一项行动具有多种可能且结果不确定。风险的产生是由于缺乏信息和决策者不能控制未来事物的发展过程而引起的。风险具有多样性和不确定性，可以事先估计采取某种行动可能导致的各种结果，以及每种结果出现的可能性大小，但无法确定最终结果是什么。例如，掷一枚硬币，我们可事先知道硬币落地时有正面朝上和反面朝上两种结果，并且每种结果出现的可能性各为50%，但谁也无法事先知道硬币落地时是正面朝上还是反面朝上。

值得注意的是，风险和不确定性是不同的。不确定性是指对于某种行动，人们知道可能出现的各种结果，但不知道每种结果出现的概率，或者可能出现的各种结果及每种结果出现的概率都不知道，只能做出粗略的估计。如购买股票，投资者无法在购买前确定可能达到的期望报酬率以及该报酬率出现的概率。风险性问题出现的各种结果的概率则一般可事先估计和测算，只是不准确而已。如果对不确定性问题先估计一个大致的概率，则不确定性问题就转化为风险性问题了。在财务管理的实务中，对两者不做严格区分。讲到风险，可能是指一般意义上的风险，也可能指不确定性问题。

风险是客观的、普遍的，广泛地存在于企业的财务活动中，并影响着企业的财务目标。由于企业的财务活动经常是在有风险的情况下进行的，各种难以预料和无法控制的原因，可能使企业遭受风险，蒙受损失。如果只有损失，没人会去冒风险，企业冒着风险投资的最终目的是得到额外收益。因此风险不仅带来预期的损失，而且可带来预期的收益。仔细分析风险，以承担最小的风险来换取最大的收益，就十分必要。

二、风险的类型

（一）市场风险和企业特有风险

1．市场风险。市场风险是指影响所有企业的风险。它由企业的外部因素引起，企业无法控制、无法分散，涉及所有的投资对象，又称系统风险或不可分散风险，如战争、自然灾害、利率的变化、经济周期的变化等。

2．企业特有风险。企业特有风险是指个别企业的特有事件造成的风险。它是随机发生的，只与个别企业和个别投资项目有关，不涉及所有企业和所有项目，可以分散，又称非系统风险和可分散风险，如产品开发失败、销售份额减少、工人罢工等。

（二）经营风险和财务风险

1．经营风险。经营风险是指由于企业生产经营条件的变化对企业收益带来的不确定性，又称商业风险。这些生产经营条件的变化可能来自企业内部的原因，也可能来自企业外部的原因，如顾客购买力发生变化、竞争对手增加、政策变化、产品生产方向不对路、生产组织不合理等。这些内外因素，使企业的生产经营产生不确定性，最终引起收益变化。

2．财务风险。财务风险是指由于企业举债而给财务成果带来的不确定性，又称筹资风险。企业借款，虽可以解决资金短缺的困难、提高自有资金的盈利能力，但也改变了企业的资金结构和自有资金利润率，还须还本付息，并且借入资金所获得的利润是否大于支付的利息额，具有不确定性，因此借款就有风险。在全部资金来源中，借入资金所占的比重大，企业的负担就重，风险程度也会增加；借入资金所占的比重小，企业的负担就轻，风险程度也会减轻。因此，必须确定合理的资金结构，既提高资金盈利能力，又防止财务风险加大。

三、风险报酬的概念

如上所述，企业的财务活动和经营管理活动总是在有风险的状态下进行的，只不过风险有大有小。投资者冒着风险投资，是为了获得更多的报酬，冒风险越大，要求的报酬就越高。风险和报酬之间存在密切的对应关系，高风险的项目必然有高报酬，低风险的项目必然低报酬。因此，风险报酬是投资报酬的组成部分。

那么，什么是风险报酬呢？它是指投资者冒着风险进行投资而获得的超过货币时间价值的那部分额外收益，是对人们所遇到的风险的一种价值补偿，也称风险价值。它的表现形式可以是风险报酬额或风险报酬率。在实务中一般以风险报酬率来加以计量。

如果不考虑通货膨胀因素，投资报酬率就是时间价值率与风险报酬率之和。

通过风险报酬率这一概念也可以看到，单纯的风险分析并没有多大意义，只有将风险与报酬联系起来，风险分析才具有实际意义。

四、单项资产的风险与报酬

既然风险具有普遍性和广泛性，那么正确地衡量风险就十分重要。由于风险是可能值对期望值的偏离，因此利用概率分布、期望值和标准差来计算与衡量风险的大小，是一种最常用的方法。

（一）概率分布

在完全相同的条件下，某一事件可能发生也可能不发生，可能出现这种结果也可能出现另外一种结果，这类事件称为随机事件。概率就是用来反映随机事件发生的可能性大小的数值，一般用 X 表示随机事件，X_i 表示随机事件的第 i 种结果，P_i 表示第 i 种结果出现的概率。一般随机事件的概率在0与1之间，即 $0 \leq P_i \leq 1$，P_i 越大，表示该事件发生的可能性越大，反之，P_i 越小，表示该事件发生的可能性越小。所有可能的结果出现的概率之和一定为1，即 $\sum P_i = 1$。肯定发生的事件概率为1，肯定不发生的事件概率为0。

（二）期望值

期望值是指可能发生的结果与各自概率之积的加权平均值，反映投资者的合理预期，用 E 表示，根据概率统计知识，一个随机变量的期望值为：

$$E = \sum_{i=1}^{n} X_i P_i$$

（三）标准差

标准差是用来衡量概率分布中各种可能值对期望值的偏离程度，反映风险的大小，标准差用 σ 表示。标准差的计算公式为：

$$\sigma = \sqrt{\sum_{i=1}^{n} (X_i - E)^2 \times P_i}$$

标准差用来反映决策方案的风险，是一个绝对数。在 n 个方案的情况下，若期望值相同，则标准差越大，表明各种可能值偏离期望值的幅度越大，结果的不确定性越大，风险也越大；反之，标准差越小，表明各种可能值偏离期望值的幅度越小，结果的不确定性越小，则风险也越小。

(四)标准差系数

标准差作为反映可能值与期望值偏离程度的一个指标,可用来衡量风险,但它只适用于在期望值相同条件下风险程度的比较,对于期望值不同的决策方案则不适用。于是,我们引入标准差系数这个概念。标准差系数是指标准差与期望值的比值,也称离散系数,用 q 表示,计算公式如下:

$$q = \frac{\sigma}{E}$$

标准差系数是一个相对数,在期望值不同时,标准差系数越大,表明可能值与期望值偏离程度越大,结果的不确定性越大,风险也越大;反之,标准差系数越小,表明可能值与期望值偏离程度越小,结果的不确定性越小,风险也越小。

(五)风险报酬

各投资项目的风险大小是不同的,在投资报酬率相同的情况下,人们都会选择风险小的项目。也就是说,高风险的项目必须有高报酬,否则就没有人投资;低报酬的投资项目必须低风险,否则也没有人投资。因此,风险和报酬的基本关系是风险越大要求的报酬率越高,这是市场竞争的结果。

五、证券投资组合的风险与报酬

证券投资充满了各种各样的风险,为了规避风险,可采用证券投资组合的方式,即投资者在进行证券投资时,不是将所有的资金都投向单一的某种证券,而是有选择地投向多种证券,这种做法就叫证券的投资组合或者投资的多样化。

(一)证券组合投资的期望收益率

$$\overline{K}_P = \sum_{i=1}^{n} K_i \cdot W_i$$

式中：$\overline{K_P}$——证券组合投资的期望收益率；

K_i——第 i 种证券的期望收益率；

W_i——第 i 种证券价值占证券组合投资总价值的比重；

n——证券组合中的证券数。

（二）证券组合投资的风险

证券组合投资的期望收益率可由各个证券期望收益率的加权平均而得，但证券组合投资的风险并不是各个证券标准差的加权平均数，即：

$$\sigma_p \neq \sum_{i=1}^{n} \sigma_i \cdot W_i$$

证券投资组合理论研究表明，理想的证券组合投资的风险一般要小于单独投资某一证券的风险，通过证券投资组合可以规避各证券本身的非系统性风险。

（三）证券投资组合的风险收益

1. 证券投资组合的风险收益。投资者进行证券投资，就要求对承担的风险进行补偿，股票的风险越大，要求的收益率就越高。由于证券投资的非系统性风险可通过投资组合来抵消，投资者要求补偿的风险主要是系统性风险，因此证券投资组合的风险收益是投资者因承担系统性风险而要求的超过资金时间价值的那部分额外收益。其计算公式为：

$$R_p = \beta_p (K_m - R_f)$$

式中：R_p——证券组合的风险收益率；

β_p——证券组合的 β 系数；

K_m——市场收益率，证券市场上所有股票的平均收益率；

R_f——无风险收益率，一般用政府公债的利率来衡量。

2. 证券投资的必要收益率。证券投资的必要收益率等于无风险收益率加上风险收益率，即：

$$k_i = R_f + \beta(K_m - R_f)$$

这就是资本资产计价模型（CAPM）。

式中：k_i——第i种股票或证券组合的必要收益率；

β——第i种股票或证券组合的β系数；

K_m——市场收益率，证券市场上所有股票的平均收益率；

R_f——无风险收益率。

第三章 财务投资管理的创新

第一节 财务投资管理的概念及要素

一、财务投资管理概述

财务投资管理是企业管理中的一项重要内容。以前的投资管理只是企业财务管理中的一个项目而已,单纯地从财务指标方面对其进行分析和研究。现在随着我国现代企业的不断发展和壮大,资本市场规模的不断扩大及市场环境日新月异的变化,投资管理已上升于财务管理的范畴之外,它不但包括财务管理的内容,还包括决策管理、人员管理和营运管理等许多方面。科学的投资管理对企业的健康发展具有重要意义,主要体现在以下几个方面:

(一)促进企业战略目标的实现

企业为了提高资产的利用率,把资金投向更有利于企业发展的方面,需要通过研究和分析,选择适合于本企业的投资方案,通过对投资项目有效的控制和管理,并严格监管投资项目的投入与执行,以达到投资目标,获得投资收益,优化企业资产结构,提升企业的竞争力,促进企业战略目标的实现。

（二）促进企业对投资进行规范化管理

对投资行为实施有效管理的基石是投资决策的科学性。投资决策是否科学，主要体现在投资方案应是为其量身定做的，企业必须在投资前做好对市场环境的研究，仔细分析投资风险。在市场经济条件下，企业在进行投资决策分析时，必须掌握投资环境复杂性、多变性的特点，熟悉投资环境的性质与发展变化情况，认清投资环境各要素对投资项目的影响，提高不断适应投资环境的变通能力和行动能力，能随时按照投资环境的变换特性，采用适合的策略来应对。

做投资决策时要重点分析投资方案的可行性和各类型风险对投资方案的作用力，做到全面掌控企业的投资行为和执行过程，以确保投资的实施能严格遵照投资方案的规划来执行，避免因投资管理出现漏洞而带来投资风险，提高投资的效率。

（三）促进企业规模化发展

通过科学的投资管理可以提高企业资产的盈利能力，扩充企业的规模，提高企业的整体效益。通过投资提升了企业资金的利用率，也使企业获取了较高的资本报酬率，上升到企业战略的层面，则实现了企业多元化经营的目标，找到了新的利润增长点，改善了企业的经营环境。

（四）提升企业自身的管理水平

我国大的社会经济环境正处于转型阶段，是产业升级的时期，也就是对企业的一个优胜劣汰的过程，不管是何种行业，只有管理水平高，具有现代企业管理制度的企业才能在残酷的竞争环境中留下来。投资企业必须根据市场的变化，及时调整投资项目的管控措施，以实现最大限度的投资增值，在不断探索投资项目的管理体系、完善投资管理制度的过程中，持续审视自身的管理模式，出台防范与化解本企业经营风险的措施，从而加速企业管理能力的提升。

二、投资管理要素分析

（一）当前企业投资项目管理工作中存在的问题

第一，财务管理混乱，缺乏监督、监控，造成资金漏洞。一些企业投资项目在财务与资金的管理中存在着严重的问题，体现在项目配套资金有缺口，不落实；项目财务管理严重弱化，存在截留、挪用、挤占、浪费建设资金的现象等；投资项目管理存在监督失效、失控的现象，而对于资金运动环节进行的监控甚至存在人为的控制现象，这更是加大了企业资金管理的难度。尽管企业设置了一些监督职能，也制定了多种监督制度，但因为监督者并没有全面地掌握投资项目资金的必要信息，而不能及时有效地发挥作用，但同时又因为没有建立长效的决策约束机制，使得企业私人垄断严重，企业投资风险加大。

第二，缺乏准确有效的市场信息，导致投资行为具有盲目性、风险性。随着社会经济的发展，企业的投资活动面临着各种风险。首先，没有做好前期的市场调查及对未来风险的预测，导致企业投资活动存在盲目跟风的问题，从而使得投资项目效益较低；其次，盲目扩大固定资产投资，忽视对资金成本以及运用效率的控制，缺乏资金运用的风险意识，导致资金周转速度减慢，利息负担加重，使得企业陷入财务危机；再次，在当下的网络化和虚拟化的时代，信息的传播、处理和反馈的速度加快，如果企业缺乏有效接收信息的机构，必然加大企业的决策风险；最后，新兴产业和高新技术的发展，使得产品的寿命不断缩短，同时加大了存货风险和产品设计、开发风险。

第三，"项目估算超概算，概算超预算，预算超决算"的"三超"现象严重。这是企业的财务管理问题。企业财务管理是企业投资管理的基础和依据，在投资项目资金核算中，大多数企业严格遵循投资财务制度，对投资项目进行统一的核算。但也有一些企业在方法操作上存在不规范的行为，这种"三超"现象导致企业资产的严重浪费。

（二）加强企业投资管理的对策

第一，强化企业投资风险意识，形成长效的投资风险控制机制。企业在进行一系列的投资活动时必须强化风险意识，并形成长效的投资风险控制和风险防范制度体系。大部分投资的对象都是企业自身，因此投资的风险以及风险爆发后的经济损失也必须由企业自身承担，企业只有具备了投资的风险意识才能在投资时充分考虑自身的经营情况、财务状况等，才会在投资实施时严格遵守国家的相关政策措施，避免投资到技术水平超过企业自身能力以及投资规模大于企业筹资能力的领域中，才会对任何一个投资项目持谨慎的态度，杜绝盲目投资的现象。同时，企业要建立完善的投资环境分析系统及投资风险控制系统，实施多元化的投资战略，合理配置企业的财务资源，建立一套包含完整投资活动的风险防范机制，降低投资风险积累爆发的概率。

第二，加强企业内部的投资管理和企业投资后期的审计验收。企业内部的投资管理体系包含了企业投资活动和投资决策的所有过程，贯穿于企业投资的整个环节，很多投资项目的失败大多是由于在投资过程中没有进行有效的监督控制，没有实施有效的防范措施。首先，企业要建立专业的投资管理监督职能部门，对项目各个阶段的实施过程和结果实行严格的审核，保证投资项目和投资活动的真实性、有效性；其次，企业要积极贯彻落实投资管理中的责任制度，将投资决策的各个环节与其对应的责任具体到每一个工作人员身上，实行有效的奖惩措施，提高决策人员和管理人员的责任意识。当然，企业也必须在投资过程中对相关项目内容进行审计验收，以便及时发现问题、解决问题，有效地防范投资风险。

第三，企业要建立完善的评价体系，适当建立重大项目的投资终止机制。企业投资是涉及企业经济利益的重要活动，必须对其进行科学化、专业化的管理，通过建立完善的评价体系，将投资活动中涉及的不确定性因素及其带来的经济损失降到最低水平。完整的投资评价体系包含了投资项目的评价制度及投资责任的落实追究制度，前者是为了保证对投资活动中每一个可量化的指标都进行科学的评价，从而保证每一个决策的成功实施。投资责任的落实追究制度则是为了提高投资决策人员的风险意识和责任意识，保证他们在做出具体的投资决策时必须进行充分分析、判断，避免因为盲目投资带来经济上的损失。同时，建立重大项目的投资终止机制，即当一个项目因为风险的积累出现了严重的损失，短期内如果无法扭转这种局面，就可以发挥这种机制的作用，及时制止项目的进行，避免因为管理人员的主观作用造成更大的投资损失。

第二节 财务投资管理的现状分析

一、企业进行投资以及管理的意义

投资、筹资、经营均属于企业财务管理中的重要部分，而投资是财务管理的基础，投资管理作为能够规范企业经营的一种行为，其原则是建立科学合理的决策程序，进行投资项目的可行性分析与研究。企业根据自身发展认真研究投资中的外部环境，做好充分调研，深入剖析投资中可能存在的风险，约束企业的投资行为，确保按照投资计划开展投资活动，从而减少投资的风险。企业以投资管理控制资金流向，选择合适的投资方案，监控整个实施过程，有效管理投资活动，实现企业财务目标，提高企业的经济效益。良好的投资管理可以提高企业的资金使用率，拓宽企业的经营范围，实现企业的多元化经营，提高整体的资产质量，获得更多的投资回报，从而提高市场的综合竞争力。企业在进行投资时一般需要遵循几个基本原则，如企业的投资决策必须与整体的企业发展、与国家的法律法规相适应，再如投资活动必须符合行业的整体规划和基本要求。在投资管理与决策中必须按照企业制定的程序与流程，避免盲目投资。在投资决策上需要秉持科学的态度，决策以数据分析作为支撑，坚持成本效益原则，尽可能少投入多产出，投资项目必须坚持以市场为导向、以效益为目标，确保将资金投入市场后取得收益，坚持投资管理中量入为出的原则，防止企业投资出现过快或者过慢的问题。

二、企业投资决策中的问题分析

（一）投资决策易受主观判断影响

企业投资决策活动是众多决策活动中的重要方面，我国当前市场经济下的生产经营是通过合理的资本运作以获得更高收益。在企业进行投资前必须开展风险论证与可行性研究。实际操作中的企业尚未及时获得市场资料，没有充分研究与分析，管理者凭借丰富的经验在投资中容易主观影响企业的资金运转，从而制约了经济效益最大化，增加了投资风险。

（二）投资发展规划不合理

大多数企业没有符合实际的发展与投资规划，往往是按政府以及区域的发展政策决定投资项目，相对来说有临时性与随机性，这种方式的缺点在于企业的自主投资经营比例低，会因为政策的改变影响企业投资收益，此外系统性的规划使企业资本限额方面缺少约束，使高风险状况下的企业为了短期利益，不顾资本的限额去投资发展前景不明的项目，有的企业为了扩大规模甚至会去借高利贷来解决当下的问题。有些企业往往没有充足可靠的消息来源，市场调查不全面，没有科学依据，这些都会导致最后的决策失误。在当前阶段中，回报期长的项目管理中企业缺少资金方面的控制会导致资金受困，从而制约了经营项目的进行，增加了企业经营的风险。

（三）缺乏有力的审计监督

企业投资管理方面，大部分企业关注的基本都是在投资的前期进行项目评估以及项目融资，而忽视了后期的经营管理，尚未制定有关的监督与管理制度，使得大部分投资项目由于管理疏忽，让企业处于水深火热之中，加大企业投资方面的风险，有的甚至会造成企业方面的经济损失。风险控制中的重要手段是审计，在企业的投资管理中审计还是比较单薄的，即使是在外界压力下的审计活动，也局限于审计中的利息计提与公允价值的考量。在投资管理中缺少完整、有力的监督机制，这种审计结果会使企业管理者难以客观与全面地看待所投资的项目。

（四）高素质人才的匮乏

人才是企业发展的决胜因素，亦是企业经营管理中有序开展活动的关键。企业的投资与管理活动之所以能够成功，人才因素非常重要。几十年前只要凭着一本大学生学历证书就能够找到一份非常好的工作，而在当前市场经济的环境下，市场对于人才的要求也越来越高，市场不再单纯地考量人才的学历、在校理论知识，而是更加看重人才的经验、人才的语言表达能力。企业在实际的投资管理与决策的制定研究、评价总结环节，往往缺乏专业人才团队。多数的投资管理人员还是存在着基础知识不扎实、职业技能不完善、基本的道德素养缺乏、工作经验缺少等各式各样的问题。有的投资人员甚至连最基础的资产负债表、利润表、现金流量表都看不懂，更不用谈具备投资与决策的信息处理能力了。

三、如何强化企业投资管理

（一）制定合理的科学战略

企业应站在整体的战略角度上，长期规划企业的发展前景，构建出符合实际的投资活动纲领。在科学战略的构建中，企业需要把握好国家的政策与动向，包括当前的经济形势，及时把握行业中的市场需求与市场环境、经营状况等。在此基础上深入研究与分析企业的投资管理，做好资源方面的统筹和调配，同时联系自身的发展制定出最优的投资战略，使企业在中长期的投资管理中发挥出自身的战略优势。

（二）建立健全的预算管理制

在制定好企业未来的经营规划后还需要进行企业的预算管理，企业预算管理作为经营管理中的重要工具，能够合理配置有限的企业资源。健全的管理体系能协助管理人员进行经营中的有效分析与评价，协调好企业管理中人员的经营工作，提高企业的效益。健全的预算管理可提升企业的综合管理水平，提升企业的市场竞争力。市场环境的变化与企业发展状态需要适应国家的宏观政策发展，企业必须制定出合理完善的预算管理机制，为投资提供保障。拥有目标明确、层级清晰的预算管理体制，能够有效地防控企业投资有可能涉及的风险，保证企业投资活动的安全开展。

（三）加强人才队伍的建设

为提高企业的管理水平，满足企业的发展需求，企业在现代化的建设管理中必须建立一支现代化的人才管理团队，在当前新经济的社会环境下，一个企业投资人员需要有良好的职业操守，具备专业的职业素养，精通财务知识、金融领域的专业知识以及生产环节中的一些知识，同时还需要有爱岗敬业的专业精神、刻苦奋斗的工作态度、不怕辛苦不怕累的钻研精神、对于自己不熟悉领域的探索精神以及较强的团队合作能力。在企业投资管理中人才的建设可以从以下两个方面着手：一是对于已经在企业工作的投资人员进行专业培训，以公费鼓励投资管理者在工作之余参与各式各样的技能培训，提高专业素养；对于尚未入职的投资管理者，企业可以让在该岗位工作多年的老员工辅导，并定期考核。二是对于投资管理人才应当建立专业的人才选用制度，科学地吸纳人才。组建适合企业发展的，具备专业知识的人才队伍。并建立人才信息库，不断吸收专业领域的优秀人才。

在我国当前的企业投资中，一直存在着科学指导不到位、企业投资管理把控不严等问题，这些都影响着企业的投资收益，解决现阶段投资管理中的问题，需要企业加强提升服务管理水平，建立健全的管理制度，加强人才队伍的建设，使企业获得最大化的利润。

第三节 财务风险投资管理的创新分析

企业风险投资是一个相对封闭、高度竞争且没有多少差异化的领域，大多数公司提供的都是完全相同的产品。因此，从投资行为的角度来讲，风险投资是指把资本投向蕴藏着失败风险的高新技术及其产品的研究开发领域，旨在促使高新技术成果尽快商品化、产业化，取得高资本收益的一种投资过程，由于我国中小企业规模较小，抵抗风险的能力较差，并且缺乏此领域的相关专业人才和经验，所以中小企业更应该加强投资风险方面的管理体系建设。

一、风险投资及其属性

狭义上讲，风险投资是投资者向创业者或年轻企业提供的种子期、导入期以及成长期所需的资金，以获取目标企业的股权，并最终获得高额回报。广义上讲，风险投资是由投资者提供权益性资金获取目标企业的股份，并使资本最大限度地增值。风险投资具有以下两个属性：

（一）风险投资的权益性与战略性

一般投资的价值分析与判断是建立在物质价值基础上的，重视对有形资产的精确计算，而风险投资更加注重无形资产特别是权益的价值，它不同于借贷与国债一类投资只是追求眼前可见且基本确定的利息，也不同于一般的经营投资追求的是基本可预计的短期收益，风险投资追求的是极不确定且成功可能性极低的未来的极大增值价值。这种未来极大的增值潜力就是风险投资的战略目标，人们之所以愿意做出这种眼前实现不了收益甚至遭受损失而未来成功性又极低的投资，正是为了换取未来可能的极大增值的权益。风险投资提供的是资本支持，除拥有股权外，往往还约定享有知识产权、未来增资扩股的权利以及投资成功、经营成功后的经营权甚至产品抢手时的经销权等。权益性是风险投资最基本的属性之一，也正因为风险投资拥有的权益性才保证了其投资一旦成功会获得比一般投资大得多的增值，这种权益价值往往远超过实物价值。与风险投资权益性相随的另一个属性就是风险投资的战略性。相对于一般投资而言，风险投资追求的目标显得相对遥远而缥缈，属于战略目标，风险投资愿意做出眼前获取不了收益甚至遭受损失的投资，正是为了未来的极大增值这一战略目标。

（二）风险投资的高风险性与高增值性

风险投资承担的风险属于一种对投资结果把握的极不确定性以及实现投资战略目标的极低可能性，一般其遭受损失的程度是有上限的，即不会超过本金，因此，可以选定把风险投资战略目标成功实现的概率作为评价风险投资的指标；而且为了避免考虑风险投资的初始本金使问题简化，可以用风险投资的增值率作为评价其投资收益的指标。风险投资的战略性表明，风险投资从初始投资到战略目标实现有一个过程，并且要经历众多不确定的状态变化，因而需要多次决策。一般把风险投资分为种子期、导入期、成长期与成熟期四个阶段，而且每一阶段也在经历多次状态变化，因而也涵盖多次投资决策。

二、风险投资的运行模式

风险投资的运行模式是与地区的技术现状、市场环境及政策法规有关的投资行为方式。要判断何种模式适合自己的国家或地区，就首先要了解风险企业有何特征,风险企业和风险投资在本国或本地区的发展情况如何。其次,还要了解其他国家是如何运作的,有没有可行的国际惯例。

(一)风险企业的特征

研究开发高新技术产品的风险企业,通常具有下列特征:①企业的创始人是懂技术且有经营头脑的科技人员。他们先有研究成果,然后想建立企业以开发新产品。但这些人往往缺乏启动资金,初始开发工作常常是在"家庭车间"中进行,工作条件差,非常辛苦。②需要寻找资本的合作伙伴,即知识资本与金钱资本结合,才能开发出"市场产品"。许多高新技术,由于得不到"种子"资金的支持,或束之高阁,或半途而退。③风险企业起初大多属于小企业。大多由科技人员个人或小组发起,这些人大多在大型研究机构或大公司工作过。一般的大企业对于与本行业无直接关系的新技术设想,往往宁愿让发明者自找出路或帮助其另立新公司,但对于与本行业有直接竞争的新技术,则愿意本公司自己开发。这时,开发资金一般是公司其他产品的盈余来支持的。④消亡快,成长也快。风险企业一旦开发成功并且获得广泛的市场认可,则会高速成长。但多数的风险企业由于技术或市场的原因,也可能很快就消亡了。因此,大多数风险投资公司都要采取分担风险和化解风险的做法。例如,采取组合投资的方式,把资金分散投向多个风险企业;又如采取联合投资的方式,由多家风险投资公司共同向一个风险企业投资,以分散风险。⑤风险企业成长要适应市场大环境。高新技术产品好比是"鱼",市场好比是"水",如鱼得水就能快速成长,相反就会迅速消亡。

(二)高新技术风险投资引起广泛关注的原因

从现有的政策法规看,支持高新技术产业开发的资金主要来自银行贷款,而且"贷款期限一般为1~3年,某些高新技术项目可适当延长,最长不超过5年,贷款利息按人民银行颁布的期限利率执行",并且贷款者"必须具有法人资格"，即贷款利率没有优惠，从事科技开发因有成果而想自己创业的个人或小集体是得不到贷款的。

从减免税的有关规定看，只有能生产"出口产品"的企业有减免税的优惠，只有来料加工企业有减免税的优惠。若无产品出口，也不是来料加工企业，尽管是将来很有发展前途的高科技企业，也无减免税的优惠。而且银行本身无评估高新科技性质的机构和人才，只能依靠科委的各类科技开发计划来放款，对风险难以预测。近年来，少数地区如北京、上海，广州、深圳等跳出全国性政策法规的框框，自己制定地方性的政策法规，除了支持开发"发达国家已成熟"的高新科技产品之外，开始重视自己具有知识产权的有期望占领市场的新产品，并开始意识到"种子资金"的重要性，以少量财政资金支持和奖励科技开发。

三、我国风险投资发展中存在的问题

（一）政策法规不够完善

风险投资有别于一般投资行为和金融运作机制，其对象是高新技术产业。高新技术产业的特点是以知识为核心，在完成技术开发后可以实现极低成本的无限复制。国外相关法律对风险投资的有关问题一般都做了专门规定，如美国成立有专门的小企业管理局，并在《投资公司法》基础上制定了专门的《小企业投资法案》，有力地规范和推动了小投资的发展。而在中国，风险投资始终缺少相关的法律保障，风险投资法律环境并不完善，尤其是知识产权、公司制度、合伙方式等。对知识产权保护不够，使风险投资不敢涉足较大的中、前期项目投资，影响了风险投资公司对技术价值的肯定，也限制了进行无形资产运作的空间。我国现有经济法律法规中有许多地方与风险投资运作规则相冲突，需要进一步完善法律体系以适应风险投资事业的发展。

（二）风险投资的运作机制和退出机制不健全

评价机制须完善。目前，我国风险投资项目评价体系带有浓厚的人为色彩，缺乏严肃性、科学性。虽然风险投资公司仍可以找到项目，但蕴含的风险很大。这些公司如果不在体制和运作机制等方面大胆改革，不能逐步转变到政府引导、企业主体投资、运行市场化方面来，风险投资资金将不能有效地投入高科技产业，这样风险投资企业也不能持续健康发展，从而不能带动高新技术产业持续稳定发展。

（三）缺少风险投资专业人才

风险投资业的发展一刻也离不开风险投资家，风险投资家不仅要具有极强的风险意识和获取风险收益的耐心，更需要有高瞻远瞩的投资眼光，能够慧眼识珠选取好的项目进行投资，而且还能够对风险企业的经营活动提供指导和咨询，并推荐人才甚至参与企业管理。

（四）资金来源有限、资本结构单一

目前我国风险资本主要来源于财政科技拨款和银行科技开发贷款。由于国家财力有限，拨款在财政支出中的比例逐步下降，银行为防范风险也始终在控制科技开发贷款规模，风险资本增长缓慢。虽然在全国技术创新大会的推动下，各地投入大量资金建立了一批以政府为主要出资人的风险投资基金或公司，一定程度上缓解了高新技术产业发展的资金短缺问题，但从总体上看资金缺口仍很大，远不能满足我国高新技术产业发展的需要。另外，风险投资公司的资金来源大多有政府背景，限制了风险投资的资金规模，同时也不能有效分散风险。

（五）扶持力、支持力不够

目前，我国各级政府正积极参与和支持风险投资，但政府参与和支持的力度还存在一些问题：①政府资金投向不合理；②所得税减免力度过小。

让好多参与风险投资的企业和个人有很重的包袱，也就无法激发他们的热情和积极性了；③政府缺乏对高科技风险企业的界定和评级标准，导致"假冒伪劣"的所谓高科技风险企业满天飞，进而影响了风险投资者的积极性。

四、企业风险投资管理机制创新思路

（一）加强宏观经济的研究

宏观经济学是相对于微观经济学而言的。宏观经济学研究社会总体的经济行为及其后果，它涉及经济中商品与劳务的总产量与收入、通货膨胀与失业率、国际收支和汇率，以及长期的经济增长和短期波动。由于企业发展与宏观经济发展具有高度正相关关系，基于企业工商登记数据构建的企业发展指数能显著反映宏观经济。另外，企业风险投资在我国市场上还相对比较陌生，企业风险投资管理的意义重大但出现的问题也多，所以有效的宏观经济研究管理方法和措施对企业来讲十分重要。通过对宏观经济的研究可以合理引导市场主体的经营活动，引导市场主体战略决策和业务调整，减少经营的盲目性，避免市场风险，节约生产和交易成本，增强市场竞争力。

（二）积极防范经营风险

加强企业的风险防范意识与能力，降低企业的风险成本，从而形成整个市场良好的风险防范机制。必须预测本企业能够占有多大市场份额、市场需求大小，只有充分了解了市场情况才能防范市场风险，并进行规模投资，化解成本风险。目前我国大多企业效益不佳的原因之一就是未能形成规模投资效益，运营成本高，没有竞争力。树立战略思维，注重价值创新，倡导不断学习，才能有助于提高企业各个方面、各个层次的能力，有利于研究探索新的方法，寻找新的市场机会，才能适时实现市场各方的价值飞跃。企业需要从领导层到全体员工都高度重视风险防范与控制意识，对企业所处的环境有准确的把握，对市场变化保持高度的敏感性，使得企业全体员工都参与到风险防控建设和内部控制中来，营造出提高企业效益、加强风险管理的氛围。

（三）财务风险控制的实施策略

企业的风险投资管理还可以通过经济手段进行处理和控制。企业可以通过风险转移和风险自留来实现对财务风险的控制，财务风险是企业筹资决策的结果，表现在普通股收益率的变动上，如果企业的经营风险和财务风险大，投资者便会有较高的收益率要求。因此，我们首先要优化财务管理制度。财务管理制度的设计起着举足轻重的作用，也就是要通过一定的系统、程序、规章制度、法律法规等来规范企业财务管理方面的行为。在进行投资的时候对投资项目的财务评价是必不可少的，它直接关系到投资项目的价值认定问题。

当今市场经济环境下的企业竞争激烈，面对更加多样化和复杂化的投资风险，企业都不同程度地出现了在项目尽职调查阶段对很多风险估计不足的问题，且一般较少使用相关的定量分析方法，从而在一定程度上造成了在投资前对风险的规避不力。因此，企业要对投资风险进行评估，然后进行有效的控制与管理，从而将风险导致的损失减少到最低，以实现企业价值目标的最大化。

第四节　财务投资管理的创新路径

一、企业投资管理创新的重要性

企业投资管理是企业充分利用资金，提高企业资金利用率的最有效途径。创新企业投资管理可以扩大企业规模和生产经营活动范围，壮大企业。

二、企业投资管理存在的问题

企业投资管理是为了提高竞争力或获得最大投资收益，而对投资的各项要素或环节进行策划、决策、组织和控制的过程。投资的好坏对企业的长期发展具有重大作用，这就使得投资管理的作用显得尤为突出。尤其是长期投资，投资金额大、期限长，投资方案一旦实施就很难再做出调整。

（一）投资管理方式陈旧

改革开放以来，我国经济持续高速发展，而有些企业的投资管理却相对滞后，方式陈旧，缺乏创新性。由于之前的企业投资管理方式较为陈旧，与目前的市场经济体制已不相适应，严重制约了企业的发展。

（二）投资决策主观性强，盲目投资

在实际操作中，不少企业者仅仅凭借自己的主观判断，缺乏对投资项目的了解，对投资项目中的各种资料没有认真分析，盲目地进行投资。这就严重影响了企业的资金运转，甚至会危及企业的生存。

（三）没有制定有效的制度，监督不力

企业在投资过程中，应当制定一套完整的规章制度，而大多数企业在投资管理方面存在制度不健全的问题，对投资项目的审计和评审制度，许多企业根本就没有制定出来，更谈不上执行。所以项目提出者、策划者和执行者都不存在责任方面的压力，在项目研究上没有认真对待，又何谈积极性呢？在投资之后，管理上又疏忽大意，监督上一片空白，导致亏损，从而给企业带来损失。

（四）企业投资管理型人才缺乏

由于大多数人认为会计与财务管理是一回事，更有甚者把财务管理当作是会计的一部分，工作中也常有会计人员从事投资管理工作的现象。在经济管理领域中，尤其是企业投资管理方面，我国严重缺乏专业的投资管理人员。这就与企业投资管理高速发展不相适应。

三、企业投资管理创新的途径

目前在企业的投资管理中存在的这些问题，使得大多数企业不能进行有效的投资，使企业投资的收益降低了、投资风险加大了，增加了企业的损失，创新的途径如下：

（一）对企业投资管理理念的创新

所谓投资管理理念是管理者在管理过程中所持有的思想观念和价值判断。管理者要重视企业投资管理理念的创新。

（二）对企业投资管理员工管理上的创新

企业要提供给企业投资管理员工各种成长和发展的机会，一定要重视企业投资管理人才，制定措施让物质奖励与精神激励合二为一，让企业与投资管理人才达到双赢。主要采取人性化管理方式——精神激励，把投资管理人才的主动性、创造性和积极性调动起来，其目的就是为了追求利润最大化。

(三) 对企业投资管理制度的创新

思维创新、技术创新和组织创新活动都达到制度化、规范化，制定一套行之有效的制度，执行周全的风险防范措施，加强事前、事中、事后的风险管理与控制，将风险损失降到最低。

四、企业投资管理创新的建议

(一) 企业投资前的调查研究

投资决策是一个长期的过程，会受到很多因素、方方面面的影响。在投资管理的全过程以及投资和投资决策的每一个重要环节，企业投资决策人都应保持谦虚冷静、自省自律的清醒状态，广开言路，在技术、财务、市场、经济评价和社会环境等方面，严加考察，然后进行投资决策；对投资项目进行科学的预测分析，制作项目建议书、可行性研究和调研报告等。要组建能够胜任投资管理职责的智囊团，只有投资决策科学，项目投资风险才会降低，经验才能得到积累，就会为今后的投资提供更加翔实的资料，为后期的企业投资管理打牢基础。

(二) 执行周全的风险防范措施

当前形势下，以下任何一种风险被忽略了，都可能给企业的投资行为带来不可估量的损失，这些风险包括：投资风险、市场风险、信贷风险、营运风险、法律风险、技术风险等，这些不同的风险类型都直接或间接地影响着企业的投资。为了将风险预警与防范措施做到最好，大多数企业会根据种子期、导入期、成长期和成熟期的分类方法合理定位投资产品，把这些风险类型系统性地进行分析与管理融入投资的各个时期，这样做是十分必要的。因为只有对不同投资时期的不同投资产品针对其所面临的风险分别制定有效的风险防控措施、建立责任制度和奖惩制度，才能在投资的全过程中保证监管有效。结束时还要做好评审验收工作，及时进行归纳总结，实现效益的最大化。

(三) 时刻密切关注是否存在通货膨胀

通货膨胀会影响到项目资金的资本成本率和项目预期的现金流量，所以投资产品的选择和投资方案的优先顺序和通货膨胀及其膨胀程度有着直接的关系。但是很多企业在平衡成本与收益时，对通货膨胀考虑得太少甚至缺失的前提下，对企业根据预期投资收益而做出的投资决策也是值得怀疑的。这就表明影响投资资本收益核算的两大指标都失去了合理性，那么企业也必将会承受不可估量的风险损失。

随着经济全球化步伐的加快，在我国企业投资规模越来越大、投资品种越来越丰富的今天，更多的企业会参与到市场化的投资管理中来。只要通过创新投资管理方法和采取行之有效的办法，企业就一定可以最大限度地规避风险。

第四章 财务管理创新研究

第一节 财务管理创新的要素

一、转变落后的管理观念

改革开放的不断深入和推进，对企业财务的管理工作提出了新的要求。传统的落后的管理观念已经难以满足现代社会的发展要求，亟待变革。所谓企业财务管理观念，就是指在建立和完善财务管理体系和机制的过程中树立正确的价值观。这种价值观会对企业财务管理的各个方面和具体实践提供导向和约束作用，是落实整个财务管理工作的出发点和落脚点。对于企业财务管理来说，只有不断进行变革和创新，抛弃陈旧的管理经验和办法，采取新的管理方式对财务各个方面进行管理，提高对企业财务管理的正确认识，才能极大地提高财务管理的效率，促进资金的有效使用和流通，避免企业出现不必要的财政危机，为企业创造更多的财富。目前企业财务管理的核心和重要内容就是对风险理财的管理。能否对风险理财进行有效管理，转变风险理财管理的传统思维模式和观念，直接关系着企业能否在激烈的市场竞争中求得生存和发展。因此，企业必须加强对风险理财的投入力度，不断创新财务管理观念。

第一，企业的财务管理观念始终要以人为中心，实现理财观念的人本化。企业的发展和创新离不开人的参与和投入，只有始终重视人在发展中的主体地位，不断感知和体验发展的成果，才能为发展提供源源不断的动力，从而提高整个企业乃至社会的创新能力，推动社会向前发展。对于企业来说，如果缺乏足够的业务素质较高的理财人员，企业财务管理就失去了创新的源泉，那么提高企业的财务管理创新水平简直就是天方夜谭。因此，企业必须加强对财务管理人员的培训力度，培养一支业务水平较强、综合素质较高的专业理财队伍。

第二，企业必须明确财务管理人员的权利和义务，做到权责明确，并建立完善的监督和奖罚机制，规范和约束财务管理人员的行为，调动财务管理人员的积极性和主动性，为财务管理目标的实现提供人力资源保障。

第三，在财务管理观念的创新上，要实现竞争与合作的有机结合。随着市场经济体制的不断完善，再加上科技的进步和变革，市场经济的发展速度和产品更新换代的速度越来越快，竞争也越来越激烈，企业只有在获取和分析数据、信息上占得先机，才能在激烈的市场竞争中处于优势地位，获得发展先机。同时，科技的不断进步和发展又进一步加快了全球经济一体化的步伐，企业在寻求自身发展的同时，越来越需要与别的行业和领域进行沟通和交流，以便加强双方之间的合作，互惠互利，获得共同发展。

第四，企业需要重视和创新风险理财观念。市场在对经济进行自发调节的同时，也存在着一定的滞后性和不确定性，企业置身其中难免会受到市场调节的不良影响，特别是在财务投入和管理上更是存在着较大的风险，再加上政治以及社会环境的制约和影响，加大了风险发生的可能性。一旦出现风险，将会给企业带来巨大的损失。

因此，必须引起企业的高度重视，积极转变理财观念，树立正确的风险理财观念。

二、树立科学的财务管理目标

企业财务管理在企业的经营活动中发挥着越来越重要的作用，财务管理目标作为企业财务管理的基础和关键，对于引领企业财务方向以及约束企业财务活动具有十分关键的导向作用。必须不断制定和完善企业财务管理目标，促进企业财务管理体系的建立。企业在为构建和谐社会进行努力时，不仅要保障企业自身和股东的利益，同时还要关注和满足员工的需求。只有保证各方利益者的需求均被满足，才能实现绿色财务，促进企业和社会的和谐。企业在树立科学财务管理目标时，必须充分考虑国家相关经济政策、企业的整体发展战略以及社会责任和利益的实现等问题，以便随时满足当代市场发展的需求，提高理财目标的创新水平。

第一，促进财务管理目标创新的多元化。在日益激烈的市场竞争条件下，各个企业为了谋求进一步的生存和发展，纷纷进行股份制改革，职业经理逐渐取代了业主经理，成为企业的管理者。但是业主并没有完全将权力进行让渡，不仅对财产的收益，而且对财产的最终处置权也进行了保留，这就使得股东财富最大化应运而生，渐渐成为企业财务目标的基本内容之一，然而企业在追求股东利益最大化的情况下，不能忽略其他相关利益主体的需求。

21世纪是知识经济的时代，物质资本已经不再占据市场竞争的主要地位，已经被知识和科技所取代，这主要是因为科技和知识更具有共享性和创新潜力。所以企业需要将财务管理目标的创新从追求物质层面转移到追求知识和技术的层面上去。

第二，企业在树立财务管理目标时还必须兼顾社会责任和利益，实现创新的社会化。企业作为市场经济的主体，承担着强烈的社会责任，企业提高对知识和科技的投入和研发力度，进一步拓宽知识传播和分享的途径，可以为社会创造更多的物质和精神财富，得到公众的认可和积极反馈，提高企业的社会形象，为企业经济利益的提高创造一个良好的发展环境。

三、创新企业财务管理内容

第一，企业加大对无形资产的重视和投入力度。市场经济体制的不断完善和科技的不断创新给企业的发展带来了新的机遇和挑战。有形资产在财务管理中的地位和比例已经严重被削弱，新兴的无形资产在市场竞争中展现出较强的生命力。通过对企业无形资产的观察和研究，便可大体探知企业的总资产以及综合竞争力的强弱，因此，企业必须加大无形资产在财务管理创新中的比重，提高无形资产的拥有权，以便提高企业的财务管理效率和水平，提高企业在市场中的综合竞争力，不断与国际接轨，获得更深层次的生存和发展。

第二，企业在对财务管理内容进行创新时，还须对企业的收益进行合理分配，体现公平。现代企业在分配企业利益时，必须按照相关规定和多种分配标准对不同类型的劳动者以及其对公司的劳动和贡献进行分配，在兼顾效率的同时保证分配的公平性。

第三，促进企业财务管理创新水平的科学化和规范化。为了满足知识经济对财务管理的高要求，在对财务管理制度进行制定时，一定要以绿色财务为主体，在保护生态环境的前提下发展企业经济，提高企业的社会责任意识。同时还要对财务管理的风险进行分析和探究，以便加强对财务管理风险的防范和治理，提高企业财务的管理水平。并且由于科技的巨大变革，可以将高科技广泛应用到财务管理中去，提高其搜集和分析数据的能力，提高理财战略的服务水平。

第四，企业在进行财务管理创新时，还应加大对信息和科技的投入力度。

互联网技术的广泛应用必然导致企业的财务管理要实现网络化、技术化和信息化。利用信息技术进行管理，企业可以对财务进行远程管理和控制，加强企业各个财务部门以及财务环节的合作和交流，更进一步提高了财务管理的效率，节省了管理时间和成本。同时也促进了企业管理模式的转变，逐渐走向集中管理的道路，提高了报账、查账、审计等工作的效率，而且还加强了财务监督，使得企业财务管理能够更有效地规避风险，降低了财务危机发生的概率，促进了企业资金的流转，给企业带来新的发展机遇。

第二节 财务管理创新的原则

一、财务管理创新的一般原则

（一）机会研究原则

有计划、有目标的财务管理创新往往是从研究机会入手，从彻底地思索并发现创新财务管理方法产生的源头着手。比如，一个新的金融服务项目的面世，对一个企业而言也就出现一个新的融资机遇。然而，所有财务创新机遇是否可以利用必须进行客观务实的思考和评价，单纯关注机会的源头是远远不够的，一定要不时地进行有计划、有步骤、有条理的评价。创新财务管理方法不但需要定量评价，还需要定性评价。与此同时，每个财务管理人员必须明白，创新财务管理绝不允许脱离实际纸上谈兵，必须经常进入现场进行调查研究。优秀的企业财务管理人员考虑问题非常全面，不但钻研财务报表，而且也关注民众的投资理财行为，明白民众的心理期许和财富价值观。

（二）通俗易懂、目标清晰原则

创新财务管理的方法务必做到通俗易懂、目标清晰。它的目的只是办好一项单纯的事情，以避免过于繁杂导致混淆。创新财务管理如果太深奥，就难以实施推广。有用的财务管理创新总是简易实用的，而且是以简单明了、有步骤地运用为目标，并能适应企业需求，创造经济效益。

阻碍企业创新财务管理的很大原因是尽管企业经济实力强、资本雄厚，但往往组织机构庞大、设备过于先进繁杂。特别是在一些经济实力强的大型公司总是缺少创新财务管理方法的动力，就是因为资本雄厚，财大气粗，花钱大手大脚，没有资金压力；组织机构庞大，管理不精细、不到位，设备过多且繁杂，工艺流程过于精细，势必妨碍公司财务管理方法的创新。

（三）有效性原则

有效性原则包括：①对创新的理财思路积极尝试；②注重实用优先于理念钻研；③不必依靠体系复杂而僵化的财务系统；④不必太刻意去抓大放小。

创新财务管理方法没有必要苛求巨大的经济效益。实用的创新财务管理方法一般都是从小事做起，针对的是非常详细的事务，仅仅花费少量的人力和财力，或者是从一个小范围内着手开始，要不然的话就会出现船大掉头难的现象，同时，创新财务管理方法如果要取得理想的效果，基本上都要在实践中不断改进和完善。

（四）全员参与原则

企业财务活动与各个部门和人员的工作流程及切身利益密切相关。因此，创新企业财务管理的各种活动离不开各部门、各位员工积极参与，甚至包括合作商的参与。如果缺少他们的参与，创新活动将难以正常开展，也就无法真正取得成功。在实施财务创新的过程中，要组织相关部门人员进行充分讨论协商，征求各个方面的实施意见和操作办法，这将大大有利于财务创新决策的贯彻和落实。

（五）激励性原则

企业财务创新活动是一项系统工程，涉及诸多部门和人员。企业的经营管理者和财务人员的大力倡导固然是重要的，但单依靠于少数人的推动是远远不够的。有必要通过一定的激励手段，调动更多人的参与积极性。针对那些能给出创新活动可行性实施办法的人员要给予鼓励或者奖励，也要针对那些积极推动财务创新实施的人员给予鼓励。通过种种激励措施，更有效地推动创新活动实施。

二、我国现行企业财务管理理论的局限性及创新原则

从20世纪80年代开始，我国企业虽然经过多次体制改革和机制转换，企业财务管理理论也取得了很大成就，但这些成就仍然局限于为财务管理理论的全面创新做铺垫的各自独立的概念、范畴与命题的领域内。从总体上看，至今仍然没有从根本上改变计划经济体制下的财务管理理论，因而它就不可避免存在这样或那样的一些问题。

（一）我国现行企业财务管理理论的局限性

1. 现行企业财务管理理论的系统性有待加强。系统是一组依一定结构存在的具有密切联系的元素组合，它以整体方式与环境相互作用。纵观全国比较权威的几本财务管理专著中所论述的财务管理理论，均未把财务管理理论应包括哪些元素予以明确交代，有的将财务管理理论范畴概括得过窄，致使应该属于理论的内容未能概括到理论之内，有的则恰好相反。并且，现行企业财务管理理论只是将各元素简单地罗列出来，而对各元素之间存在的相互联系、相互依存的严密逻辑关系没有进行深入的研究。因此，我们必须采用新的研究方法，即系统的、哲学的方法来进行企业财务管理理论的创新。

2. 现行企业财务管理理论的规范性较欠缺。这主要表现为有关财务管理概念很不规范，不同版本的财务专著或教材对同一概念给出的定义不相同，有的出入还很大。例如，关于什么是财务管理就有如下几种定义："财务管理是企业经营管理的一部分，它是从制订财务计划开始的，其次是根据制订的计划付诸实施，最后据以对执行情况进行考核。""财务管理是基于企业再生产过程中客观存在的财务活动和财务关系而产生的，它是利用价值形式对企业再生产过程进行的管理，是组织财务活动、处理财务关系的一项综合性管理工作。""财务管理是有关资金的筹集、投放和分配的管理工作。"

比较上述几个财务管理的概念可知，不同国家的论著对财务管理概念的表述方法不同。同一国家的论著，不同版本的表达方法也各异。有的概念明确指出财务管理的对象，有的则不明确指出；有的将财务管理的对象限定为货币资金，有的将其仅限定为资金；有的涉及财务本质，有的不明确指出财务关系；有的把财务管理作为财务计划工作，有的将其作为一项综合性管理工作；有的对财务和财务管理两个不同的概念也不加区分，经常作为一个概念来处理。类似情况在其他重要的财务概念上也屡见不鲜。概念的不定型、不统一，说明了财务管理的理论不成熟。概念的混乱会直接影响财务管理学科的顺利发展，还会对实际的财务管理工作产生不利的影响。

3. 现行企业财务管理理论体系不够完整。完整的财务管理理论应该对财务管理理论构成元素以及它们之间的关系进行全面、完整的高度概括和总结，而现实的财务管理论著对诸多财务管理的基本概念没有规范的解释，对财务管理理论的构成元素很少提及，更不讲元素之间的内在联系，不讲财务管理假设，对财务管理职能、方法的表述点五花八门。这说明现行财务管理理论基础薄弱，尚未形成一个完整的系统。同时，我国企业在财务管理实践中遇到一些新的问题，往往直接照搬西方国家相关理论，而国内对此理论的研究往往停留在初级阶段。

4. 我国现行财务管理理论不适应经济环境的变化。当前，我国国内经济环境发生了巨大的变化。这些变化是企业难以改变的外部约束条件，企业要适应这种要求和变化，而我国现行的财务管理理论还没有适应经济环境的变化。

（二）我国财务管理理论创新的原则

企业财务管理理论创新是一项极为复杂的工作，基于我国现行财务管理理论的局限性，在进行财务管理理论创新时，必须明确以下原则：

1. 系统性原则。所谓系统性原则，也就是以包括整体观点、关联观点、环境适应性观点、发展观点在内的系统观点来进行财务管理理论创新。其中，整体观点是指将财务管理理论作为一个整体，从整体着眼、部分着手，统筹考虑，各方协调，达到整体的最优化；关联观点是指创新时必须厘清各元素之间具有的紧密内在联系；环境适应性观点是指新的财务管理理论必须适应全球经济一体化和市场经济的大环境；发展观点则是指创新时必须树立起超前观点，具有一定的预见性，以适应我国将来经济形势变化的需要。

2. 规范性原则。在进行财务管理理论创新时，必须对每一个财务管理理论元素都明确其含义和本质，以体现其规范性，从而避免在某些概念上发生不必要的混淆，为财务管理理论创新的研究奠定良好的基础。

3. 批判与继承相结合原则。我国现行财务管理理论无论是在研究方法上，还是在理论的建设上，都已不能适应市场经济进一步发展的需要，显露出其不足。但是，我国现行财务管理理论中包含的马列主义的思想原则及认识论和方法论，我国传统文化思想中的理财思想和理财经验，都是我们应继承和发扬的，因此，要注意把握好批判与继承相结合的原则。对于我国过去一些行之有效的理财方法，虽然从整体上来说不能适应市场经济的要求，但其中一些具体方法有其先进性、实用性。例如，分级归口管理、厂内银行制度、财务收支计划的编制等，都是被实践证明比较科学的方法，在进行企业财务管理理论创新时不能将其全部否定，应结合市场经济的要求，认真进行提炼，吸收到新的理论中来。

4. 吸收国外先进思想与中国国情相结合原则。现代企业财务管理理论首创于西方，经过近百年的不断完善和发展，形成了适应市场经济要求的，以筹资决策、投资决策、股利分配决策为主要内容的现代财务管理理论，这些都是对市场经济条件下财务管理实践的科学总结，是人类文明的共同财富。但是必须注意到，西方现代企业财务管理是建立在高度发达的市场经济基础之上的，它要求企业必须在自主理财的前提下，通过资金市场和资本市场中多渠道的筹资方式和多样性的投资行为，参与商品市场、资金市场、资本市场的竞争，并且有丰富多样的选择，其理论是活跃的，也能够对现代企业制度下的企业理财实践予以指导。而我国正由计划经济向市场经济转轨，新旧体制尚在磨合之中，市场机制还很不完善。如果盲目照搬西方国家的财务管理理论，其对我国的企业财务管理实践将缺乏必要的指导意义，成为中看不中用的花瓶，所以在进行财务管理理论创新时，既不能生搬硬套西方的财务管理理论，又要注意吸收其理论中的精华。

上述这些原则并不是互不相干的，而是相互联系、相互制约、不可分割且互为前提的一个有机集合体，应在这些原则的基础上进行财务管理理论的创新。

第三节 财务管理创新的内容

一、财务管理内容的延伸

随着知识经济兴起、电子商务的发展和经济全球化浪潮等财务管理环境的变迁，现有财务管理内容面临严峻挑战。探讨如何突破旧框架建立一个新的框架结构以容纳财务管理理论与实践的新内容，是财务管理发展中面临的重要问题。

（一）将知识资本的管理纳入财务管理范围

在工业经济时代，对企业来说财务资本是其战略性资本。因此，财务学科要研究和解决的问题是财务资本的合理有效配置，知识经济时代，知识资本将成为影响企业可持续发展、决定企业前途命运的重要的战略性资本。因此，知识资本的合理有效配置及管理，将成为财务管理的重要内容。

(二) 财务管理的重要内容

知识经济、电子商务和经济全球化的发展使企业理财的复杂性和难度不断提高，承受的风险更大，因此风险投资和风险管理的内容将更加丰富，其在财务管理中的重要性会进一步提高。

二、财务管理目标的调整

(一) 财务管理目标的调整应适应现代企业的要求

财务管理作为企业的一个重要管理系统，其目标直接反映着理财环境的变化，并需要根据环境的变化进行调整。现代企业理论认为，企业是多边契约关系的总和，股东、债权人、经理、员工、消费者、供应商和政府等各方都有自身利益，以此形成企业的利益制衡机制。所以，现代企业是利益相关者之间缔结的"契约网"，各利益相关者在企业投入物质资本和知识资本（包括人力资本），获得单个主体无法获得的合作收益时，他们应共同拥有企业的剩余价值索取权与控制权，形成更为广泛的财务资源配置主体。

(二) 财务管理的目标应定位于"相关者利益最大化"

在共同治理的逻辑下，财务管理的目标应定位于"相关者利益最大化"。企业通过财务上的合理经营，充分兼顾和权衡各利益相关者的财务利益，保证企业在长期稳定发展的基础上使企业价值达到最大。不同的利益相关者的财务利益是不同的，股东期望其投入的资本有效增值最大化，债权人期望其本金的安全收回及利息收入最大化，经理和员工期望其薪金收入最大化，社会公众期望企业的社会责任最大化，政府期望企业的社会贡献最大化，等等。正是各利益相关者的共同参与，构成了企业的利益制衡机制。只有使企业各种契约关系者的财务利益得到较好的满足，才能使企业获得可持续发展,实现财务管理的良性循环。美国IBM公司把其目标定为"为员工利益、为顾客利益、为股东利益",这种转变与创新顺应了21世纪经济发展的要求,是财务管理发展的又一突破,必将对整个财务管理内容产生深刻的影响。

(三)重新审视"股东财富最大化"的财务管理目标

如果将财务管理目标定位于股东财富最大化,仅仅强调股东的利益,而忽视其他利益相关者的利益,必然会导致矛盾冲突,将不利于企业发展。特别是随着知识经济的发展,知识资本的比重大大提高,物质资本的比重相对降低。这种重大变化,日益突显企业各要素所有者地位不断发生改变,从"股东至上"向"利益相关者合作"转变。这种新的产权理念,要求人们更加重视股东利益以外的其他相关利益主体的利益及社会利益,更加重视人力资本和无形资本,重新审视传统的"股东财富最大化"的财务管理目标,确立适合于21世纪财务管理要求的新目标。

三、财务管理观念的创新

随着环境的变迁,财务管理的发展必然与创新紧密联系,特别是观念的创新将是推动财务管理发展的重要因素。根据21世纪财务管理的发展趋势,其观念的创新体现在四个方面。

(一)知识资本观念

据西方学者测算,知识资源对经济增长的贡献在20世纪初仅有5%~20%,如今已达到60%~80%。可见,未来的财务管理将是一种知识化管理,企业的科学技术、组织管理、人才素质、无形资产等知识资本的含量,将是决定财务管理是否创新与发展的关键因素。研究知识资本筹集、培育、扩张及与有形资本的匹配,优化企业资源结构,是顺应知识经济发展的客观要求。

(二) 一体化财务观念

21世纪，随着信息技术、通信技术与电子商务的迅速发展及广泛被应用，国际贸易和跨国经营规模不断扩大，生产、流通、消费等领域突破国界，经济全球化浪潮势不可挡，成为世界经济发展的主流。在这种新的理财环境下，财务管理的外延进一步拓展，以适应企业走向国际市场的战略发展需求。有关国际筹资、国际投资、跨国经营及在全球企业激烈竞争中所形成的跨国并购等问题，成为财务管理研究的新课题。

(三) 互联网财务观念

21世纪，以信息流为核心的商务活动——电子商务的蓬勃发展将促使传统的财务管理进入新型的网络财务时代。网络财务是运用计算机系统构建的一个网络财务体系，开展以互联网、内部网及电子商务为背景的在线理财和信息化理财活动，它不仅使交易、决策可在瞬间完成，大大提高企业工作效率，同时也实现了财务与各项业务的协同，优化企业资源配置。

(四) 人本财务观念

在以知识和科技作为经济发展主要资源和动力的21世纪，人力资本具有重要的价值和地位。经济学家舒尔茨认为，劳动者掌握的具有经济价值的知识和技能，是造就技术先进国家生产优势和巨大经济实力的重要原因。从财务管理来看，企业的每一项具体的财务活动都是由人来完成的，所以，人所具备的知识、智慧及其运用知识创造经济价值的能力和努力的程度如何，将决定企业财务活动成果的好坏。因此，在财务管理中，要贯彻以人为本的理财观念，探讨在理解人、尊重人的基础上，建立责权相结合的有效的财务运行机制，以充分发挥人的主动性、积极性和创造性。人本管理是知识经济的客观要求，是企业顺利而有效进行财务活动的保证。

（五）财务管理主体的变化

财务管理的主体由实体化转向虚拟化。财务管理主体是财务管理为之服务的特定组织实体，是一定的社会经济形态下具有独立的物质利益的经济实体，这种实体是有形的、相对稳定的。在建立现代企业制度以后，企业只有获得充分的财权才能成为企业的财务主体。但是在新经济时代，随着网络技术的飞速发展、电子商务的日益推广，从而出现网上虚拟公司这样的企业形式，而这些虚拟公司往往只是一种动态的、短期的战略联盟，因时因势而生，合作目标完成后迅速解散。时分时合、分合迅速，从而使财务主体显得虚拟化、模糊化。

（六）财务管理手段的提升

财务管理手段将以网络为主。网络财务是以互联网内部网及电子商务为背景的在线理财活动。相关事务的处理能够整合整个企业的财务资源，全面提高企业的竞争力。企业的一切活动均可实时报告，便于企业进行在线管理，从而提高工作效率。对拥有复杂结构且涉及多行业下属机构的集团型企业来说，实现财务与业务、企业内部各部门之间及企业与社会等方面的协同可以优化资源配置，最大限度地节约和使用资源。

在网络财务环境下，电子单据和电子货币的普遍使用可以节省许多中间环节，促进流程速度和财务效率的提高，进而加快资金周转速度，降低企业的资金成本。

四、现代企业财务管理创新

现代企业财务管理观念不同于传统企业。首先是财务管理服务于知识管理的观念。这主要包括两方面含义：其一是现代企业应转变传统企业中流行的企业管理以财务管理为中心的观念，而代之以知识管理为中心的观念，故财务管理要服务于知识管理。其二是指知识管理中知识资产的开发、利用以及企业技术创新活动都需要财务管理活动的支持和参与。其次是高收益与高风险相配比的观念。现代企业表现为高收益与高风险并存，要想取得高收益就必须接受高风险的存在。为此，现代企业必须突破传统企业财务管理中保守的消极规避风险的观念，而应树立在高收益与高风险合理配比前提下勇于承担风险的观念，这也是社会和历史赋予其的使命。现代企业的风险主要源于技术创新，技术创新是其生存和发展的关键，如果技术创新停滞不前或反应不够敏捷就会导致企业覆灭。因此在等待死亡与可能获得高收益的高风险技术创新之间，现代企业要选择不断地进行技术创新。

从一般意义上说，财务目标就是通过合理分配资源使其利用率达到最高。在知识经济条件下，财务目标体系结构的基本框架如下：

（一）财务资源配置

随着科技进步和经济发展，硬财务资源在企业发展中的作用和相对价值在下降，而软财务资源的作用和相对价值在上升。因此，企业的理财应在尊重硬财务资源在整个泛资源系统中的作用的同时，重视软财务资源的战略作用及其对硬财务资源的调控作用。

（二）财务资源配置规则

财务资源的配置、开发利用与分配应遵循一定的规则，这种规则最基本的思想应体现公平与效率的统一。然而在现实中这两个方面又难以兼顾，要么忽视公平去获取效率，要么牺牲效率去实现公平。财务资源的配置规则可以作为一个体系来设计，包括社会规则、人的规则、经济规则、资源规则和环境规则等方面。为了便于操作，每一类规则还可以细分为若干细则。如果资源配置规则缺失，必然会发生利益相关者过度"拥挤"和"摩擦"的问题，最终将危及可持续发展的原则。

企业财务管理目标是与经济发展密切相连的，这一目标的确立总是随着经济形态的转化和社会进步而不断深化。世界经济向知识经济转化，企业知识资产在企业总资产中的地位和作用日益突出，知识的不断增加、更新、扩散和加速应用，深刻影响着企业经营管理活动的各个方面，使企业财务管理的目标向高层次演化。原有追求企业自身利益和财富最大化的目标将转向知识最大化的财务管理目标。因为：其一，知识最大化目标可以减少企业股东以外的人员对企业经营目标的抵触行为，防止企业不顾经营者、债权人及广大职工的利益去追求股东权益最大化。其二，知识最大化目标不排斥物质资本的作用，它实际是有形物质资本和无形资本在较短时间内最佳组合运营的结果。其三，知识最大化目标能兼顾企业内外利益，达到企业目标与社会目标的统一。

五、信息时代财务管理的变革方向

（一）财务管理理念的更新

在网络环境下，企业的原料采购、产品生产、需求与销售、银行汇兑、保险、货物托运及申报等过程均可通过计算机网络完成，无须人工干预。因此，它要求财务管理从管理方式上，能够实现业务协同、远程处理、在线管理、集中式管理模式。从工作方式上，能够支持在线办公、移动办公等方式，同时能够处理电子单据、电子货币、网页数据等新的介质。然而，传统的财务管理使用基于内部网的财务软件，企业可以通过内部网实现在线管理，但是它不能真正打破时空的限制，使企业财务管理变得及时和迅速。由于传统的财务管理与业务活动在运作上存在时间差，企业各职能部门之间信息不能相互连接，因而企业的财务资源配置与业务运作难以协调同步，不利于实现资源配置最优化。

1. 财务管理目标多元化。随着信息时代的到来，客户目标、业务流程发生了巨大变化，具有共享性和可转移性的信息资本将占主导地位。企业财务管理的目标必须考虑更多的影响因素，不仅能协调企业各利益相关者的收益，注重企业的预期成长效益和未来增加值，还要担负一定的社会责任，实现企业价值的最大化。

信息时代，财务管理者可以在离开办公室的情况下也能正常工作，无论身在何处都可以实时查询到全集团的资金信息和分支机构财务状况，在线监督客户及供应商的资金往来情况，实时监督往来款余额。企业集团内外以及与银行、税务、保险等社会机构之间的业务往来，均在互联网上进行，将会大大加快各种报表的处理速度，这也是管理方式创新的目的之所在。

2. 财务管理软件的更新。传统的财务软件功能相对独立，数据不能共享，企业在人、财、物和产、供、销管理中难以实现一体化。运用Web数据库开发技术，研制基于互联网的财务及企业管理应用软件，可实现远程报表、远程查账、网上支付、网上信息查询等，支持网上银行提供网上询价、网上采购等多种服务。这样，企业的财务管理和业务管理将在Web的层次上协同运作，统筹资金与存货的力度将会空前加大。业务数据一体化的正确传递，保证了财务部门和供应链的相关部门都能迅速得到所需信息并保持良好的沟通，有利于开发与网络经济时代相适应的新型网络财务系统。

（二）建立并完善财务管理信息系统

企业财务管理信息系统将建立在Internet、Extranet和Intranet基础之上。其以价值形式综合反映企业人力、物力和财力资源运动的事前、事中、事后控制与实际生产经营过程及其业绩的全部信息。在信息时代，信息系统将综合运用计算机网络的超文本、超媒体技术，使信息更形象、直观，能提供多样化的各类信息，包括数量信息与质量信息、财务信息与非财务信息、物质层面的信息和精神层面的信息。广泛采用财务虚拟管理，对以电子商务为基础的知识企业，实施财务虚拟管理可以大幅度提高财务管理效率，财务虚拟管理就是以企业的核心功能为财务管理的中心，对各虚拟化的职能部门进行集中协调的财务管理。它以网络技术为基础，是财务再生管理和网络财务管理等技术方法的综合。

（三）建立健全财务信息安全防范体系

完善的内部控制可有效减轻由于内部人员道德风险、系统资源风险和计算机病毒所造成的危害。从软硬件管理和维护控制、组织机构和人员的管理和控制、系统环境和操作的管理和控制、文档资料的保护和控制、计算机病毒的预防与消除等各个方面建立一整套行之有效的制度，从制度上保证财务网络系统的安全运行；在技术上对整个财务网络系统的各个层次（通信平台、网络平台、操作系统平台、应用平台）都要采取安全防范措施，建立综合的多层次的安全体系，在财务软件中提供周到、强力的数据安全保护。

第四节 财务管理创新的路径

一、新形势下企业财务管理目标

在现代企业制度下，企业的成功以至于生存在很大程度上取决于它过去和现在的财务管理制度。财务管理不仅与资产的获得及合理使用的决策有关，而且与企业的生产、销售、管理发生直接关系。财务管理作为企业管理的一部分，其目标取决于企业的总目标，同时受财务管理自身特点的制约。企业作为营利性组织，其目标就是要实现企业的生存、发展和获利，要求财务管理要完成筹措资金，并有效地投放和使用资金的任务。企业的目标是追求利润最大化，也就是税后收益最大化。

二、新形势下企业财务管理的特征

企业管理包括多方面的内容,如生产管理、技术管理、劳动人事管理、设备管理、销售管理、财务管理等。各项工作紧密配合,又有科学分工,具有各自的特点。新形势下企业财务管理具有如下特征:

(一)财务管理是一项综合性管理工作

财务管理主要是运用价值形式对经营活动实施管理。通过价值形式,把企业的一切物质条件、经营过程和经营结果都合理地加以规划和控制,达到企业效益不断提高、财富不断增加的目的。因此,财务管理既是企业管理的一个独立方面,又是一项综合性的管理工作。

(二)财务管理与企业各方面具有广泛联系

在企业中,一切涉及资金收支的活动都与财务管理有关。事实上,企业内部各部门与资金不发生联系的现象是很少见的。因此,财务管理的触角,常常伸向企业经营的各个角落。每一个部门都会通过资金的使用与财务部门发生联系。每一个部门也都要在合理使用资金、节约资金支出等方面接受财务部门的指导,受到财务制度的约束,以此来保证企业经济效益的提高。

(三)财务指标能灵敏反映企业生产经营状况

在企业管理中,决策是否得当,经营是否合理,技术是否先进,产销是否顺畅,都可迅速地在企业财务指标中得到反映。如果企业生产的产品销售对路、质量优良可靠,则可带动生产发展,实现产销两旺、资金周转加快、盈利能力增强,这一切都可以通过各种财务指标迅速地被反映出来。这也说明,财务管理工作既有其独立性,又受整个企业管理工作的制约。财务部门应通过自己的工作,向企业领导及时通报有关财务指标的变化情况,以便把各部门的工作都纳入提高经济效益的轨道,努力实现财务管理的目标。

三、新形势下企业财务管理存在的问题

新形势下企业财务管理存在的问题包括：一是有些企业成本核算信息失真。为达到某一目的人为调节数字，成本核算不实，潜亏严重，有些企业虚盈实亏。二是有相当一部分企业一味追求销量和市场份额，忽视了财务管理的核心地位，使企业管理局限于生产经营型管理格局之中。三是从实际情况来看，许多中小企业根本没有设账本，另外设有账本的企业也存在亲属管账、会计出纳不分、财务管理混乱等问题。同规范的现代企业制度比较起来，其财务管理制度中存在诸多问题。四是很多企业受管理者素质的限制，往往存在会计核算制度不健全、财务管理人员缺位的现象，企业财务管理的作用没能得到充分发挥。五是企业财务管理信息化水平低下，财务、税务、业务数据相分离，无法集成核算；无法实现各部门的数据共享；缺乏规范的业务流程；库存管理混乱，无法及时了解销售情况、出库情况；缺少大量的数据统计分析等。

四、深化财务管理内容，提高财务管理水平

企业各部门增强财务意识，树立"大财务"观念，并赋予财务部门计划、资金、法律等方面的管理职能，以财务部门为核心，从财务管理内容、领域和手段三个方面着手，推行精细化财务管理。精细化财务管理要求在具体工作中，结合实际情况将财务管理的内容细化、分解、再整合，并辅以完善的管理制度。

第一，完善资金管理体系，确保营运资金流转顺畅。企业建立统一管理、集中调度的资金使用管理制度，将现金支出的批准权高度集中在财务部门，下属财务单位根据业务规模设置两级不同的资金使用权限，严格执行收支两条线管理方式，各单位实现的销售收入必须全额及时清缴，费用由总部审核拨付，要确保资金使用三级权限管理制度的落实，及时回收资

金，全面及时地掌握企业整体的资金状况，实现统一调度，大大减少资金沉淀，减少呆账和坏账，对内整章建制，规范工作流程，保证每个环节分工明确、责任清楚，并定期考核，施以奖惩，确保各部门密切配合，扫清资金流转的内部障碍。

第二，优化财务结构，降低融资成本。流动比率不能低于1，这是企业衡量财务风险的警戒线，也是评信机构进行信用评定的重要指标。为了保持这一比率，同时也为了保证日常生产经营的资金周转需要，企业需要良好业绩和稳健的会计政策，要树立优良的商业信誉和良好的企业形象。可以从银行获得随借随贷、利率优惠的短期流动资金贷款，在资金流动性供给上有充分的保障。

第三，全面评估，追踪管理，确保投资效益。在投资管理的事前决策中力求"精"，强调理性投资，不管对内、对外投资都以有助于企业长期战略发展为决策前提，防范"做大做空"；在事中和事后的控制、监督和考核评价中则体现"细"，确保投资的保值和增值，努力提高投资效益。

五、新形势下企业财务管理的创新路径

（一）强化企业财务管理，健全财务管理机构

在当前新时期市场经济条件下，市场竞争日益激烈。改制企业如何生存和发展，这是摆在企业经营决策者面前的一个严峻课题。作为企业的经营决策者首先要重视财务管理，不但要懂经营、善管理，而且要学习会计法规和常识，因为企业管理的基础是会计管理和会计信息，特别是企业资金运行和现金流量都是通过财务管理来体现的。在企业财务管理实践中，除了领导重视外，还要健全和完善财务管理机构，还要根据行业特点设立核算机构，并要求财务人员持证上岗，充分发挥财务人员在企业管理中的积极作用。

（二）加大培训考核力度，提高财务人员素质

运用会计核算的方法，参与企业的经营管理工作，对经济活动的合理性、合法性和有效性进行核算和监督，为企业管理决策者提供有价值的投资决策数据。降低经营风险是企业财务人员的重要职责。为此，要求企业财务人员，一是要熟练地运用会计政策和管理方法对本企业的经济活动进行记录、计算、预测、分析、控制，使本企业的经济处于最佳运行状态，实现经济效益的最大化。二是要掌握相关的经济管理知识和一些现代经济管理方法，如审计学、目标管理法、量本利分析法等。每年都组织企业财务人员参加企业管理培训，培训合格者方可上岗工作，既增强了企业财务人员的政治责任感，又提高了他们的业务素质和财务管理水平，实现企业财务管理水平的整体提升。

（三）推进财务管理信息化建设，提高精细化管理技术水平

现代信息技术的发展，为企业实行集中统一的财务管理创造了条件。积极推进企业财务管理信息化建设，不但是探索企业资金集中统一管理的有效途径，也是当前加强企业管理、深化企业改革、建立现代企业制度过程中的一项重要工作。不仅有助于加强企业内部财务管理，提高资金使用效率和有效控制风险，而且对于增强企业的核心竞争力，积极参与国际竞争有着十分重要的现实意义和深远的战略意义。引入精细化管理，摆脱繁杂的日常核算工作，要求财务人员将更多的精力投入到财务数据分析中，为成本管理、预算管理做好更多的准备工作，努力实现物流、资金流、信息流、工作流的高度集成和统一。

（四）资本结构的优化创新

知识资本在企业中的地位不断上升，使传统资本结构理论的局限性日益突出，因而有必要按照知识经济的要求优化资本结构：一是确立传统金融资本与知识资本的比例关系；二是确立传统金融资本内部的比例关系以

及形式、层次；三是确立知识资产证券化的种类和期限结构、非证券化知识资产的权益形式和债务形式以及知识资本中人力资本的产权形式等。优化创新资本结构的原则是通过融资和投资管理，使企业各类资本形式动态组合达到收益、风险的合理配比，实现企业知识占有和使用量最大化。

（五）加强企业成本费用管理

成本计算一般应当按月进行，企业可以根据生产经营特点、生产经营组织类型及成本管理的要求，自行确定成本的计算方法。一经确定不得随意变动。各企业要严格控制成本费用的开支范围和开支标准，厉行节约，认真归集和分配各项成本、费用，合理运用成本核算办法，努力降低成本。各企业要加强成本、费用核算的基础工作，健全原始记录和成本责任制度，严格遵守收发凭证和计量验收制度，监督产品的收发变动和在产品的动态，防止原材料、在产品和产成品的积压、短缺、毁损，应定期进行成本分析，挖掘潜力，降低消耗。

（六）加强实物资产管理的内部会计控制

实物资产内部控制的关键控制点为实物资产的验收入库、领用发出、保管及处置。企业对实物资产管理建立严格的授权批准制度，明确审批人对实物资产管理的授权批准方式、权限、程序、责任和相关控制措施，规定经办人办理实物资产管理的职责范围和工作要求。企业购置的所有实物资产必须及时入账，财会应建立财产台账，对于固定资产、低值易耗品等采用永续盘存的方法，随时反映其收、发、存情况，定期盘点实物资产，与记录相比较，检查是否存在缺损现象，并查明原因；建立固定资产维修管理制度，主要是对维修申请和资金使用、维修程序进行审批控制；建立固定资产处置管理制度，对企业资产报废的授权审批、资产评估和会计处理等方面进行控制。

(七) 规范企业的预算编制工作

预算质量的好坏直接影响企业的一切活动，是提高企业绩效的关键因素，因此要格外注重预算编制工作。首先，应该加强预算编制的事前调查、取证，预算的编制基础必须是真实有效的。其次，编制的预算不能随意更改或者调整，即使进行更改或者调整，也必须拿出确凿的证据或者依据科学的程序进行。加强预算对资产管理的约束能力。再次，对于部门虚报预算要进行严惩，决不姑息。编制的过程中一定要保持公正、公平的中立立场，不能被友情等因素干扰，影响预算的有效性。最后，预算的项目要尽可能充分、详细地记载，一方面可以有效地考核各部门的绩效；另一方面也可以对各部门的工作进行指导，形成对下属部门的约束，提高资产的管理和使用效率。

第五章 营运资金管理

第一节 货币资金的管理

货币资金是流动资产的一种，是以货币形态存在的资产，按其存放地点和用途不同，主要包括库存现金、银行存款和其他货币资金。

一、货币资金的特点

（一）流动性强

在企业经济活动中，有一大部分经营业务涉及货币资金的收支，也就是说货币资金在企业持续经营过程中随时有增减的变化；货币资金是企业流动性最强、控制风险最高的资产，是企业生存与发展的基础。大多数贪污、诈骗、挪用公款等违法乱纪的行为都与货币资金有关。因此，必须加强对企业货币资金的管理和控制，建立健全货币资金内部控制制度，确保经营管理活动合法而有效。

（二）收支频繁

企业的产品销售、成本、费用支出大多与货币资金有关，因此，货币资金的取得与支出是比较频繁的。

（三）资金数额大小与企业规模有关

一般来讲，规模大的企业，其货币资金收支的数额较大，收支也较频繁；规模小的企业，其货币资金收支的数额也较小。

二、货币资金的持有动机

（一）交易动机

交易动机是指用来满足日常业务的现金支出需要，如购买原材料、支付工资、缴纳税款、偿付到期债务、派发现金股利等。企业为满足交易动机所持有的现金余额主要取决于企业销售水平。

（二）预防动机

预防动机是指用来应对意外事件发生对现金支出的需要，如生产事故、坏账、自然灾害等。预防性现金数额的多少，取决于企业对未来现金流量预测的准确程度和企业的借款能力。

（三）投机动机

投机动机是指用于从事投机活动并从中获利的现金需要，如遇到廉价原材料或其他资产供应的机会，再比如，在适当时机购入价格有利的股票和其他有价证券。投机动机现金持有量的大小往往与企业在金融市场的投资机会及企业对待风险的态度有关。

（四）其他动机

其他动机是指为满足将来某一特定的需要或为在银行维持补偿性余额等其他原因的需要。

三、现金成本

狭义的现金是指企业的库存现金，但财务管理上所讲的现金往往是指企业的货币资金。现金作为企业资产，其成本包括持有成本、转换成本和短缺成本。

（一）持有成本

持有成本是指企业因保留一定的现金余额而发生的管理费用及丧失的再投资收益，包括管理成本和机会成本，如支付给现金管理人员的工资和安全措施费用等。持有成本在一定范围内与现金持有量的多少关系不大，具有固定成本的性质。因持有现金而丧失的再投资收益，具有变动成本性质，与现金持有量的多少密切相关。

（二）转换成本

转换成本是指用现金购买有价证券以及转让有价证券换取现金时付出的代价，如委托买卖佣金、手续费、过户费和交割手续费等。

（三）短缺成本

短缺成本是指现金持有量不足且又无法及时得到补充而给企业造成的损失，如不能及时支付材料款而停工待料给企业造成的经济损失。现金短缺成本与现金持有量表现为负相关关系。

四、现金管理

（一）现金管理的目标

1. 保证企业日常生产经营活动和管理活动的所需资金。企业的生存离不开资金，更离不开现金，购买材料、工资支付、办公费用的支出、水电费的支付、设备的维护修理等都离不开现金。此外，企业到期的各项应付款项的支付、到期债务的偿还也需要现金。因此，现金管理的首要目的是保证企业日常生产经营活动和管理活动的需要。

2. 降低资金成本，提高使用效益。企业持有资金的最终目的是获利，而企业持有现金的获利能力是最低的，过多持有现金会降低企业的资金使用效益，因此，为了提高资金的使用效益，企业要合理确定现金的持有量，节约使用，降低资金成本，提高资金使用效益。

（二）现金管理的内容

1. 建立现金内部管理控制制度。

建立现金内部管理控制制度，以保证现金的安全与完整。一般而言，一个良好的现金内部管理控制制度应当包括以下内部会计控制要点：①现金收支与记账的岗位分离；②现金收入、支出要有合理、合法的凭据；③全部收支及时准确入账，并且支出要有核准手续；④控制现金坐支，当日收入现金应及时送存银行；⑤定期盘点现金，做到账实相符。其中现金收支与记账的岗位分离是现金业务内部管理控制制度的基本要求。

2. 现金的日常收支管理。

（1）现金收入管理：企业现金收入业务主要是企业通过销售商品或提供劳务等方式取得货币资金的业务。该项业务主要有两种情形：一种是企业当期销售业务收回的货币资金和收回前期应收的款项；另一种是企业不经常发生的货币资金收入业务，包括通过发行、出售或转让有价证券而取得的收入。

现金收入内部控制应做好以下几点：①现金收入必须经过规定的程序，并附上相应的凭证；②收款经办人只负责收款业务，应避免执行其他业务；③收款经办人不能制作现金收入凭证。现金收入管理的重点是尽快收回资金，缩短收款时间，加速现金周转，为此，企业应根据成本与收益的比较原则，选用适当的方法加快账款收回速度，使应收款项尽早入账。

（2）现金支出管理：企业现金支出的业务涉及的范围很广，主要包括各项资产的购入、绝大多数费用的开支、向投资者支付的股息以及向国家缴纳各种税款等。

现金支付业务应当按照规定的程序进行，主要步骤如下：①申请支付。有关部门或个人用款时，应当提前向审批人提交现金支付申请，并填制相应的统一印制的申请表格或自制表格，表格中应注明用款人、款项的用途、本次支取金额、费用预算总额、支付方式（现金或银行结算）等内容，并附上有效的经济合同或相关证明。②审批支付。审批人根据其职责、权限和相应程序对支付申请进行审批。对不符合规定的货币资金支付申请，审批人应当拒绝批准或令其按规定改正后重新审批。对于仍作为业务执行用途的经济合同原件或相关证明文件，可在审批后以复制件代替原件作为审批的依据。③复核支付。复核人应当对批准后的货币资金支付申请进行复核，复核货币资金支付申请的批准程序是否正确、手续及相关单证是否齐备、金额计算是否准确、支付方式是否妥当等。复核无误后，交由出纳人员办理支付手续。对经复核有误的支付申请，复核人有权要求审批人重新进行审批。出纳人员不得办理未经复核的支付申请或复核人不同意的支付申请。④办理支付。出纳人员应当根据经审批、复核无误的支付申请，按《现金管理暂行条例》和《银行结算办法》的相关规定办理货币资金支付手续，对于违反上述规定的，出纳人员有权拒绝办理。出纳人员可根据本单位的职责分工及时登记现金和银行存款出纳簿或日记账册。

3. 加强现金收支预算管理。

现金收支对财务状况有直接影响，企业应十分重视对现金收支的管理，其有效的方法是进行预算管理。现金收支预算管理的目的在于及时平衡现金收支，经常保持与生产经营活动相适应的合理的现金流量，提高现金使用效率。为达到这一目的，企业在日常管理中还应当注意做好以下几方面的工作：

（1）力争现金流量同步：如果企业能尽量使现金流入与现金流出发生的时间趋于一致，就可以使其所持有的交易性现金余额降到最低水平，这就是所谓的现金流量同步。

（2）使用现金浮游量：从企业开出支票到收票人收到支票并存入银行再到银行将款项划出企业账户，这一过程需要一段时间。现金在这段时间的占用称为现金浮游量。在这段时间里，尽管企业已开出了支票，却仍可动用在活期存款账户上的这笔资金。不过，在使用现金浮游量时，一定要控制好使用时间，否则会发生银行存款的透支。

（3）加速收款：加速收款主要指缩短应收账款的占用时间。发生应收款会增加企业资金的占用，但它又是必要的。因为它可以扩大销售规模，增加销售收入。问题在于如何既利用应收款项吸引顾客又缩短收款时间，这要在两者之间找到适当的平衡点，并需实施妥善的收账策略。

（4）推迟应付款项的支付：推迟应付款项的支付是指企业在不影响自己信誉的前提下尽可能推迟应付款的支付期，充分运用供货方所提供的信用优惠。如遇企业急需现金，甚至可以放弃供货方的现金折扣优惠，在信用期的最后一天支付款项。当然，这要权衡折扣优惠与急需现金之间的利弊得失而定。

4. 现金持有量的测算。

（1）因素分析模式：因素分析模式是根据上年现金占用额和有关因素的变动情况，来确定最佳现金余额的方法。最佳现金余额计算公式为：

最佳现金余额 =（上年现金平均占用额 – 不合理占用额）×
（1 ± 预计销售收入变动率）

（2）现金周转模式：在现金周转模式下，其最佳现金余额计算公式为：

最佳现金余额 = 年现金需求总量 ÷ 现金周转率

现金周转率 = 360 / 现金周转期

现金周转期 = 应收账款周转期 – 应付账款周转期 + 存货周转期

（3）成本分析模式：成本分析模式是通过分析持有现金的成本，确定持有现金成本最低的那个现金持有量为最佳现金持有量。

机会成本又称为投资成本，企业的现金持有量越大，所丧失的投资于其他领域的收益也就越大，其机会成本也就越高。企业为了正常经营活动，拥有一定数量的现金并为此付出机会成本是必要的，但过多持有现金，付出无必要的机会成本就不合算了。现金持有量在一定范围之内变化时，其管理成本是固定不变的。现金的短缺成本随现金持有量的增加而下降、随现金持有量的减少而增加。

第二节　应收账款的管理

一、应收账款的功能

（一）增加销售收入，扩大市场占有率

商品销售结算的方式有现金销售和赊账销售两种，现金销售是物流与资金流同步进行的，购买方在支付现金的同时获取所购商品，而赊销则是购买方在获得商品时并未同时支付现金，即销售方在提供商品的同时，还提供了一定时间内免费使用的资金，因此，购买方更愿意接受赊销。

在激烈竞争的市场经济中，赊销成为企业促进销售、增加销售收入、扩大市场占有率的主要竞争手段。如在家电行业，生产厂家除发动"价格战"争夺顾客以外，还通过赊销方式争夺批发商和零售商。

（二）减少存货，压缩库存

企业库存商品，需要一定的管理费用。如果将产品转化为应收账款可以减少管理费用的支出，加速存货的周转，提高资金的使用效率。而且，有些行业产品更新换代非常快，如不及时销售，日后就有可能变得一文不值。

在日益激烈的市场竞争中，由于有些企业盲目采用赊销政策，加上自身管理不到位，再加上有些企业缺乏诚信，故意拖欠账款，造成应收账款不断增长，居高不下，给企业资金管理埋下了巨大的隐患。

二、应收账款管理不力对企业的影响

（一）降低企业资金使用效率，使企业效益下降

如果应收账款占用了大量的流动资金，这些资金将沉淀在非生产环节上，会使企业生产经营资金短缺，如果不能按时收回，将影响企业资金循环和周转，赊销所带来的产品销售利润增加不足以弥补应收账款的成本，进而导致企业实际经营状况被掩盖，无法实现既定的效益目标。

（二）夸大了企业的经营成果，存在潜在风险

企业会计制度规定，当期赊销部分全部算入当期收入，形成企业的账面利润。应收账款如果收不回来即成为坏账，如果实际发生的坏账损失超过计提的坏账准备，会给企业带来很大的损失。赊销虽然能使企业增加销售量，提高销售利润，但是并未真正使企业现金流入量增加，超过赊销期限仍未收回账款时，反而会使企业不得不运用有限的流动资金来垫付因赊销而产生的各种税金和费用。如果应收账款不能收回，最终形成坏账，则垫支在税金及费用上的资金也不能得到补偿。

另外，应收账款的管理成本、回收成本都会加速企业现金流出，因此，企业应收账款的大量存在，在一定程度上夸大了企业的经营成果，增加了企业的风险成本。

逾期应收账款对企业的危害直接体现在坏账风险上，据统计逾期应收账款在一年以上的，其追债成功率在50%以下。而在我国，企业逾期应收账款的比例比较高。应收账款管理不力造成许多企业包括一些经营状况良好的上市公司经常出现有利润无资金、账面情况不错却资金匮乏的状况。

三、应收账款的成本

企业占用在应收账款上的资金会产生各项成本，主要包括以下几个方面：①机会成本，是指企业的资金因投放于应收账款而必须放弃其他投资机会所丧失的收益；②管理成本，是指企业因管理应收账款而发生的各项费用，如对客户的资信调查费用、收集相关信息的费用、账簿的记录费用、收账费用及其他费用；③坏账成本，是指企业的应收账款因故不能收回而发生的损失；④折扣成本，是指企业为客户提供现金折扣而少收回的货款。

四、应收账款的管理

（一）应收账款管理的目标

应收账款是一把双刃剑，一方面通过扩大销售增加企业收益，另一方面也会增加企业成本。企业应权衡其收益和成本，只有收益大于成本时，才给予赊销。

为此企业在应收账款管理上应制定合理的信用政策，强化应收账款的日常管理，尽量避免坏账的发生。

（二）应收账款的信用政策

应收账款的信用政策内容包括信用标准、信用条件和收账政策。

1. 信用标准。信用标准是指客户获取企业的商业信用所应具备的最低条件。过严的信用标准有利于降低违约风险及收账费用，减少应收账款机会成本，但同时会使许多客户因信用品质达不到所设定的标准而被拒于企业商业信用之外，从而会影响企业市场竞争能力的提高和销售收入的增加。

过宽的信用标准，虽然有利于扩大销售、提高市场竞争力和市场占有率，但同时却要冒较大的坏账损失风险，支付较高的收账费用，增加应收账款的机会成本。赊销如同银行给客户贷款，对客户进行审核与控制是非常必要的。对客户进行审核与控制通常利用"五 C 评估法"。该方法从 5 个方面来评价客户,因其英文的第一个字母都是 C,所以简称"五 C 评估法"。

(1) 信用品质(Character):信用品质即客户的信誉,是指客户履行偿债义务或赖账的可能性,是决定是否给予客户信用的首要因素。

(2) 偿付能力(Capacity):偿付能力即客户的偿债能力,其高低主要取决于企业的资产,特别是流动资产的数量、变现能力及其与流动负债的关系。

(3) 资本(Capital):资本指客户的经济实力与财务状况,是客户偿付债务的最终保证。

(4) 抵押品(Collateral):抵押品是指客户为获取商业信用而向企业提供的作为担保的资产。

(5) 条件(Condition):条件是指经济发展趋势或某些不利经济环境对客户偿付能力产生的影响。

2. 信用条件。信用条件是要求顾客支付赊销款项的条件,主要包括信用期限和现金折扣。

(1) 信用期限:信用期限即给予客户付款的信用期间。企业适当延长信用期间,对扩大销售具有刺激作用,可能为企业带来较高的收益,但也会影响企业资金周转和利用效率,丧失再投资获利的好处,还会提高坏账损失风险。缩短信用期间,有可能会使销售收入下降。确定信用期间的方法主要是用信用期内的边际收益与其边际成本进行比较,若边际收益大于边际成本就可以延长信用期间。

(2) 现金折扣:现金折扣是指企业对顾客在折扣期内付款所做的商品价格上的扣减。向顾客提供这种价格上的优惠,主要目的在于吸引客户为享受优惠而提前付款,缩短企业的平均收款期。

为客户提供现金折扣会减少应收账款占用资金的利息的支出,减少收账费用和坏账损失,但是,由于客户提前付款享受折扣,企业会减少部分收入，企业必须在减少的支出与减少的收入间进行比较分析，只有当减少的支出大于减少的收入时采用现金折扣政策才是可取的。

3. 收账政策。收账政策是指当客户违反信用条件，拖欠甚至拒付账款时企业采取的收账策略和措施。首先，企业应投入一定的收账费用。企业对于客户拖欠甚至拒付的应收账款不能置之不理，要投入一定的费用进行账款的追讨，一般来讲，随着收账费用的增加，坏账损失会逐渐减少。其次，企业对客户催收应收账款要做到有理、有力、有节，多与客户沟通，协商解决办法，对于恶意赖账者，除加大催讨力度外，可以诉诸法律，并将其从信用名单中排除。

（三）应收账款的日常管理

1. 建立专门的信用管理机构或岗位。企业信用风险管理是一项专业性、技术性和综合性较强的工作，企业对赊销的信用管理需要专业人员大量地调查、分析和专业化的管理和控制，因此设立企业独立的信用管理职能部门或信用管理岗位是非常必要的。

2. 建立客户动态资源管理系统。专门的信用管理部门必须对客户进行风险管理，其目的是防患于未然。动态监督客户尤其是核心客户，了解客户的资信情况，给客户建立资信档案并根据收集的信息进行动态监督管理。

第一，对客户进行信用调查，确定是否给予赊销。企业应通过多种调查方式获取客户信用状况，以便做出是否给予赊销的决定。对于新顾客，信用管理部门应进行信用调查，建立客户动态资源系统，决定是否批准该客户的赊销，进而确定对其的信用额度和信用期限，并在销售单上签署明确的意见。对于老客户，信用管理部门在收到销售单后，将销售单与该顾客已被授权的赊销信用额度以及至今尚欠的账款余额加以比较，决定是否提供新的赊销。

第二，定期编制账龄分析表，随时对应收账款进行分析。信用管理部门应定期编制赊销客户的销售金额、收账金额等情况的账龄分析表及分析资料，提交企业管理层。在分析中应利用比率、比较、趋势、结构等分析方法，分析逾期债权的坏账风险及对企业财务状况的影响，以便制定坏账处理策略和当前赊销策略。

应收账款的账龄分析，即应收账款的账龄结构分析，是指已经发生的各账龄应收账款的余额占全部应收账款总额的比重。

第三，保持与客户的联系，对应收账款进行跟踪管理。从赊销一开始，到应收账款到期日前，对应收账款进行跟踪和监督，从而确保客户正常支付货款，最大限度地降低逾期账款的发生率。通过应收账款跟踪管理服务，与客户经常保持联系，提醒付款到期日，催促付款，同时可以发现货物质量、包装、运输、货运期以及结算上存在的问题和纠纷，以便给出相应的对策，维护与客户的良好关系。同时也会使客户感觉到债权人施加的压力，一般不会轻易推迟付款，极大地提高应收账款的回收率，并可以快速识别应收账款的逾期风险，以便选择有效的追讨手段。

（四）应收账款的处置

对于可能收不回来的应收账款，企业应采取积极的态度尽快处理，如进行资产置换、债务重组等，不能任其发展。对于确实收不回来的应收账款要确认其坏账损失，并采用备抵法进行坏账核算。

1. 债务重组。债务重组是处置企业应收账款的一种有效方法，主要包括采取贴现方式收回账款、债转股和以非现金资产收回债权三种方式。

（1）采取贴现方式收回账款：贴现方式是指在企业资金严重缺乏而购货者又无力偿还的情况下，可以考虑给予债务人一定的折扣而收回逾期债权。

（2）债转股：债转股是指应收账款持有人与债务人通过协商将应收账款作为对债务人的股权投资，从而解决双方债权债务问题的一种方法。由于债务人一般为债权人的下游产品线生产商或流通渠道的销售商，债权人把债权转为股权投资后对产品市场深度和广度的增加很有利。随着企业产权制度的改革，债转股已成为企业处理巨额应收账款的重要方式之一。

(3) 以非现金资产收回债权：以非现金资产收回债权是指债务人转让其非现金资产给予债权人以清偿债务。

利用债务重组方式收回应收账款的企业要根据自身与债务人情况选择合适的方法。

2. 出售债权。出售债权是指应收账款持有人（出让方）将应收账款所有权让售给代理商或信贷机构，由它们直接向客户收账的交易行为。

第三节 存货的管理

存货是企业为生产或销售而储备的物资，主要包括各种原材料、在产品、半成品、产成品等。企业保持一定数量的原材料是维持企业正常生产的必要条件，同时储备一定的产成品，对保证销售也是十分必要的。但存货规模的大小对企业财务与经营会有一定影响。储备过多，占压资金，造成资金沉淀，丧失了再投资获利的机会，还要支付大量利息和保管费用。储备过少，又会造成频繁采购，使采购成本上升。所以，企业必须做好存货资金的规划工作，合理确定存货资金占用量，节约使用资金，并加强存货日常控制，加速存货周转。

一、储备存货的原因

企业持有一定的存货，主要是防止生产停工待料，降低进货成本，保证企业生产经营或销售活动的正常进行。

二、存货的成本

企业保持一定数量的存货，就必然会付出一定的代价，即存货成本。存货成本一般有以下几项：

（一）进货成本

进货成本是指采购存货所发生的成本，包括存货的进价与进货费用。

存货的进价为存货本身的价值，是购买数量与存货单价的乘积。存货采购数量越大，采购成本就越多，但是，由于一定时期，企业生产经营规模维持不变，其进货成本通常保持稳定。

进货费用，又称为订货成本，是企业在组织进货的过程中发生的费用，包括相关的办公费、差旅费、邮资、运费、保险费、检验费、整理费及合理损耗。订货成本中有一部分与订货次数无关，如常设采购机构的费用、采购人员的工资费用，属于订货的固定成本；另一部分与订货次数有关，如邮资、差旅费、通信费等，属订货的变动成本。

（二）缺货成本

缺货成本是指企业由于存货中断所造成的损失。企业一般都会随时补充存货，避免缺货现象的发生，因此可排除缺货成本对经济的批量影响。

（三）储存成本

储存成本是指存货在储存过程中发生的成本，包括存货的仓储费、保险费、残损变质费用和存货占用资金应支付的利息等。储存成本也可分为固定费用和变动费用两部分。固定费用与存货数量多少无关，如仓库的折旧费、保管人员的工资。变动成本与存货数量有关，如保险费、利息费、残损变质费等，储存数量越大，这部分费用支出就越多。

三、存货管理

（一）存货管理的目标

企业因生产经营和降低成本的需要而应当储存一定的存货，但是，储存存货在降低存货短缺成本的同时，也会增加存货的储存成本，因此，进行存货管理就是要在效益与成本之间做出权衡,达到最佳结合。

(二)存货管理的方法

1. 经济订货批量基本模型。经济订货批量是指能够使一定时期存货的相关总成本达到最低点的进货数量。通过存货成本的构成内容,可以分析出储存成本的高低与存货数量的多少成正比,订货数量越大储存成本就越多,订货成本的高低与订货次数成正比,订货次数少,订货成本低,反之订货成本就高。在一定时期内,企业存货的数量保持稳定,若降低储存成本就要增加订货次数,导致订货成本增加;若降低订货成本又会增加订货数量,导致储存成本增加。因此,企业要协调存货的各项成本,使其总成本保持最低。

采用经济订货批量基本模型时应满足以下假设条件:①企业能够及时补充存货,即需要订货时便可立即取得存货;②能集中到货,而不是陆续入库;③不允许缺货,即无缺货成本;④存货需求量稳定,并能较准确地预测;⑤存货单价不变,不考虑现金折扣;⑥企业现金充足,不会因现金短缺而影响进货;⑦企业所需存货市场供应充足,不会因买不到需要的存货而影响其他。

建立了上述假设后,则最佳经济批量为:

$$Q = \sqrt{\frac{2AF}{C}}$$

式中:A——每次订货成本;

F——年需要量;

C——单位产品储存成本。

与经济批量相关的存货总成本为:

$$T = \sqrt{2AFC}$$

最佳订货次数为:

$$N = F/Q$$

2．存货 ABC 分类控制法。存货 ABC 分类的标准有：一是金额标准；二是品种数量标准。

第一，A 类存货的特点是金额巨大，但品种数量很少。其品种数约占全部品种的 5%～15%，累计金额约占库存资金总额的 60%～80%。

第二，B 类存货金额一般，品种数量相对较多，品种数约占全部品种数的 20%～30%，累计金额约占库存资金总额的 20%～30%。

第三，C 类存货品种数量繁多，但金额却很小，品种数约占全部品种数的 60%～80%，累计金额约占库存资金总额的 5%～15%。

3．现代存货控制方法——适时生产系统。随着高新技术的蓬勃发展并广泛应用于生产领域，以及产品市场需求的多样化，企业从原来的单品种大批量的生产转向多品种小批量的弹性生产，从而导致了企业生产组织的重大变革。为了适应这一变革，西方发达国家越来越重视和推行一种新的生产管理系统——适时生产系统（Just-in-Time Production Systems）。

适时生产系统的核心是追求一种无库存生产系统或使库存达到最小的生产系统，以期达到排除浪费、降低成本、提高经济效益的目的。

适时生产系统根据"在需要的时间，按需要的量生产所需的产品"的思想由后向前安排生产，它改变了传统的由前向后的前推式生产方式。在适时生产系统中，"顾客"是一个广义的概念，不仅产品的最终需求者是顾客，而且生产的每一工序都被视为其前一工序的顾客，企业的最终产品就是通过"顾客"的需求由后至前逐步推出来的。

一方面，企业是根据顾客的订单组织生产；另一方面，每一生产工序也是按照顾客（后一生产工序）的要求生产的。这样，产品何时需要，何时生产；需要多少，生产多少，保证了企业在产、供、销各个环节都能实现"零存货"，达到了排除浪费、提高资金使用效率的目的。

在适时生产系统中，企业的产、供、销各环节都实现（或几乎实现了）"零存货"，这意味着企业不存在期初、期末存货的成本，本期发生的期间成本就是本期所生产产品的成本。这样，成本报表所反映的成本信息能如实反映出本期生产经营的实际情况，有利于企业管理当局进行成本分析和成本控制。

　　随着我国经济的发展，社会物质财富不断增长，企业生产所需的原材料供应基本上能得到保障，而消费者随着收入水平的不断提高，对商品的需求更加变化多样。这就要求企业因地制宜地引进适时生产系统，逐步实现"零存货"，对企业来讲，可以减少资金占用，节约成本，增强活力，提高市场竞争力；对整个社会来讲，可以降低社会资金的需求，缓解资金紧张的局面，促进国民经济持续、健康、稳定发展。

第六章 会计总论

第一节 会计的意义

一、会计的基本概念

会计是人类社会发展到一定阶段的产物，它随着生产的发展、经济管理水平的提高和科技的进步，经历了一个从低级到高级、从简单到复杂、从不完善到逐步完善的演进过程。

会计产生于社会生产活动，生产活动是人类最基本的实践活动，是人类社会赖以生存和发展的基础。从事生产活动，一方面要创造物质财富，获取劳动成果；另一方面又要耗费人力和物力，发生劳动消耗。而任何的社会生产活动，人们总是力求以较少的劳动耗费，取得尽可能多的劳动成果。为了达到这一目的，除了采用先进技术外，还必须加强对生产活动的管理，对生产过程的劳动消耗和劳动成果进行记录和计算，并进行比较和分析，以求所得大于所耗，不断提高经济效益。

在人类社会处于生产力极其低下，劳动产品只能维持人类生存的时期，会计只是作为"生产职能的附带部分"，完成简单的记录工作。只有当社会生产力发展到出现剩余产品以后，会计才逐渐从"生产职能中分离出来"。在古希腊、古巴比伦曾有在树木、石头、黏土板上刻记符号的会计遗迹。我国在伏羲时期，则有"结绳记事"的记载。不过，这种处于萌芽状态的会计，没有统一的计量尺度和记账方法，只是人类的原始计量和记录行为，通常称为"史前会计"。

我国西周朝廷已设有官吏"司会"，掌管财政，并下设"司书""职内""职岁""职币"等，分别掌管法规、簿籍、收入、支出及剩余资产，并对本朝的财物赋税进行"月计岁会"。而我国古代文献中，最早把"会计"两字连缀使用，则见于《孟子·万章篇》的记载：孔子尝为委吏矣，曰："会计当而已矣"。在我国奴隶社会和封建社会时期，各级官府为了记录、计算和管理财物赋税，逐步建立和完善了收付式会计模式，官厅会计就成为我国古代会计的中心。西汉时期采用的"计簿"和"簿书"，一般认为是我国最早的会计账簿。唐朝随着工商业的繁荣和造纸业的发展，官厅会计已采用"入-出=余"的三柱结算法。宋朝总结并广泛采用的"四柱结算法"也是我国古代会计的一大杰出成就，使我国的收付记账法得到了进一步完善。四柱是指"旧管""新收""开除""实在"，分别相当于我们今天会计核算中的"期初结存""本期增加""本期减少""期末结存"。明朝山西商人傅山创建的"龙门账"及其设计的"该+进=存+缴"平衡公式，一般认为是我国最早的复式记账法。"该""进""存""缴"分别相当于我国今天会计核算中的"业主投资和债务""收入""财产物资和债权""支出"。嘉靖年间已采用"盘点表"，并规定了年终盘存制度，这是会计核算和管理上的一大进步。清朝民间采用的"三脚账"和"四脚账"，反映了我国会计有从单式记账向复式记账发展的趋势。

商品经济的发展促进了会计的发展。13世纪到15世纪，意大利的地中海沿岸城市，海上贸易兴盛，促进了银行业的发展。广泛的信用交易，需要详细记录和反映债权、债务关系。为了满足这种需要，在佛罗伦萨、热那亚、威尼斯等城市先后出现了借贷记账法。1494年，意大利数学家卢卡·帕乔利所著的《算术、几何、比及比例概要》一书出版。书中"簿记论"联系威尼斯工商企业的经济业务，系统地介绍了借贷记账法的具体运用，并从理论上做了阐述。由于该书的出版和传播，对现代会计的发展做出了杰出贡献，卢卡·帕乔利被称为"现代会计之父"。

随着商品经济的进一步发展，新技术的广泛运用，生产日益社会化和企业组织的不断发展，会计的内容、目标、方法和技术也随之发生了较大的变化，现代会计逐步形成了以企业会计为中心的营利组织会计。第二次世界大战以后，国际贸易和经济协作进一步发展，企业集团、跨国公司的大量涌现，使经营规模越来越大，会计已成为"国际通用的商业语言"。由于市场竞争的加剧，企业会计对内管理的职能有所扩大。加之数学、生产力经济学、计量经济学等科学成果的渗透和利用，事前核算的导入，致使会计从传统的事后记账、算账和报账扩大到事前预测、参与决策和加强事中控制。到20世纪40年代，形成了财务会计和管理会计两个相对独立的体系。会计技术也从手工操作、机械操作逐步向采用计算机处理数据的方向发展。一国乃至国际范围内的公认会计原则逐步形成体系，会计工作日益规范化，从而使会计的发展进程进入一个比较完善的现代会计阶段。

新中国成立以后，为了适应社会主义建设的需要，曾建立了与高度集中的计划经济体制相适应的会计模式。随着经济体制改革的深化和对外开放的扩大，1992年财政部制定实施了《企业会计准则》，建立了反映市场经济发展客观规律的科学的会计体系，这是适应我国发展社会主义市场经济并与国际惯例接轨的一次重大改革，它标志着我国会计摆脱了传统会计模式的束缚，明确了会计发展的方向。随着经济全球化、一体化的发展，会计的国际化已势在必行，2006年2月我国对会计准则进行全面的修订和补充完善，颁布39项会计准则，使我国会计从理论到实务进一步与国际接轨。

从会计发展的历史看，经济越发展，会计越重要。生产的发展不仅要求会计进行数量的核算，还要求会计根据数量的变化，加强对生产过程的管理。管理的内容和形式则由简单的计量、记录、计算发展为主要通过货币形式进行确认、计量、记录、计算和报告，据以对生产过程进行指挥和调节，进而又发展为对生产过程的监督和控制。从会计工作的实践可以说明，会计核算与管理是密切联系的，管理需要核算，核算是为了管理，在核算的基础上进行管理，在核算的过程中加强管理。

综上所述，会计是对核算单位发生的可以用货币计量的经济活动进行核算和监督的一种价值管理活动，是经营管理工作的重要组成部分。

二、会计的作用

（一）核算经济业务，提供财务信息

企业单位发生的能够以价值形式表现的一切经济活动，都要办理会计手续，通过会计核算，连续、系统、全面地确认、计量、记录、计算和报告，向有关各方及时提供真实可靠的财务信息。

（二）实行会计监督，维护财经法纪

企业单位的经济活动必须在国家法律和有关财经纪律允许的范围内进行。通过会计工作，可以随时查明各项财产的结存情况；了解财产的保管和使用情况，以加强财产管理的责任制；对于不真实、不合法的收支，财会人员可以拒绝办理或向单位行政领导报告，从而有效地保护企业财产的安全，维护财经纪律。

（三）分析财务状况，考核经济效益

通过会计工作提供的会计信息，可以分析企业单位的财产构成、变现能力、偿债能力；可以发现企业资金、成本、利润等财务指标的升降原因；可以评价企业经济效益和社会效益的高低，并总结经营管理工作中的经验教训，提出改善企业经营管理的意见和措施，以不断提高经济效益。

（四）预测经济前景，参与经营决策

会计信息是企业单位进行经营决策的重要依据。会计机构和会计人员应根据会计信息及其他有关资料，对经济前景进行分析，结合发展规划做出预测，提出方案，并参与企业单位的经营决策，以发挥会计工作在指导未来经济活动中的积极作用。

第二节 会计的目标和对象

一、会计的目标

会计目标是指通过会计工作应达到的目的和要求。随着我国经济体制改革的深化，企业所有权和经营权的分离，企业资金来源渠道多样化，投资主体多元化，对会计工作提出了新的要求。企业作为独立的商品生产经营者，要在市场经济的激烈竞争中求生存、谋发展，同时又要维护债权人和投资者的合法利益。因此，通过会计工作进行加工、处理并提供的信息，既要满足企业不断改善经营管理的需要，又要满足债权人和投资者进行决策的需要。

对企业内部来说，会计的目标是：通过参与经营决策，协助企业管理层制订长期计划，指导和控制当期的经营活动。其重点是管好、用好各项资金，确保资本保值增值，并不断提高获利能力和偿债能力。

对债权人和投资者来说，会计的目标是正确反映权益关系，及时为债权人和投资者提供企业财务状况、收益及其分配情况的信息，以保证债权人和投资者能够全面分析、评价和预测企业的资产、权益结构、获利能力、偿债能力，并据此做出信贷和投资决策。

可以看出，通过会计工作为有关各方提供的符合质量要求的会计信息，主要服务于经营决策。决策本身不是目的，正确的决策是为了提高经济效益。

二、会计的对象

会计的对象是指会计核算和监督的具体内容。正确掌握会计的对象，才能进一步理解会计的作用和所要达到的目标，才能正确理解和运用会计采用的专门方法。

概括地说，会计的对象是企业单位在生产经营过程中发生的能够以货币计量的经济活动。

我们知道，企业要进行正常的生产经营活动，必须拥有或控制一定数量的财产物资。作为物质基础，这些财产物资都是通过一定的来源和渠道取得的，包括投资者投入和向外单位或个人借入。企业的财产物资投入到生产经营过程中会发生耗费，表现为企业的生产费用、销售费用、管理费用和财务费用等费用支出。企业采购材料、生产产品并通过产品的销售获得收入，将收入同相应的销售成本、销售费用、营业税金及附加进行比较，从而确定企业的利润或亏损，并将实现的利润按有关政策和规定进行分配。可以看出，企业的生产经营过程一方面表现为实物形态的运动过程，另一方面表现为货币形态的价值运动过程。由于以货币作为统一的计量尺度是会计的基本特征，这就决定了会计的对象不是企业单位生产经营过程中的实物形态的运动，而是以货币形态表现的价值运动。其具体内容的组成项目，称为会计要素。

从企业生产经营过程来看，以货币形态表现的价值运动首先是生产经营资金的筹集。企业通过不同渠道，以不同方式筹集的资金，称为资金来源。资金来源按承担企业经营风险责任和享有企业经营收益的权利不同，分为负债和所有者权益。负债是借入资金来源，企业必须按时还本付息。所有者权益是企业投资者投入的供企业长期使用的资金，属于自有资金来源，投资者享有参与企业利润分配的权利，但当企业资不抵债或发生亏损时，投资者应承担风险。

企业筹集的资金总是以一定形态存在，如货币形态的现金、银行存款等；实物形态的原材料、低值易耗品、固定资产等，会计上称为资产。随着生产经营过程的进行，企业拥有的各项资产不仅会发生数量上的增减变化，而且会发生形态上的变化。如用存款采购材料、购置设备是从货币形态的资产转化为实物形态的资产，销售产品获得现金、银行存款则是从实物形态的资产转化为货币形态的资产。

企业生产经营过程中以货币表现的经济活动，除了表现为一定数量的资产、负债、所有者权益的形成及其增减变化以外，还表现为费用、收入和利润的形成及其分配过程。费用是一种投入，是资产消耗的货币反映，费用的发生是为了获得收入。以产品销售收入补偿为取得收入而发生的各项成本费用后的差额，就是企业在一定时期内获得的利润。

可以看出，企业会计对象的具体内容，就是企业的资产、负债、所有者权益、费用、收入和利润等基本会计要素及其增减变化的结果。其中，资产、负债和所有者权益是企业财务状况的静态表现，也是"资产负债表"的基本要素；费用、收入和利润是企业生产经营过程的动态表现，也是"利润表"的基本要素。

第三节 会计的基本前提和会计信息质量要求

一、会计的基本前提

会计的基本前提是为了实现会计目标而假定的，所以又称为会计假设，它是对决定会计存在与发展的各种前提条件所做的暂且认定。由于在市场经济环境下，存在着诸多不确定的因素，如市场物价的波动、企业的倒闭等，都有可能影响会计工作的正常进行。因此，为向内部管理层和外部有关各方提供对决策有用的会计信息，发挥会计的作用，有必要对某些不确定因素进行合乎逻辑和事物发展规律的判断，提出假设，从而为会计工作顺利开展提供必要的前提条件，否则会计工作将无所适从，难以进行。

按照国际会计准则和惯例，公认的会计前提条件主要有会计主体、持续经营、会计期间和货币计量等。

（一）会计主体

会计主体亦称会计实体，是指独立于财产所有者之外的会计核算单位。明确了会计主体，就能解决为谁核算，核算什么会计事项等问题。因为会计主体假设为会计工作规定了活动的空间范围，即会计事项的处理和会计信息的提供，只限定在一个独立核算的经济实体之内。我国《企业会计准则》指出："会计核算应当以企业发生的各项经济业务为对象，记录和反映企业本身的各项生产经营活动。"按照这一基本前提，会计核算只反映一个特定企业的生产经营活动，而不包括企业所有者本人或其他企业的经营活动。企业在主体范围内组织会计工作，可以正确计算企业所拥有的资产和承担的债务，正确计算和反映企业的经营成果和财务状况。

会计主体与法律主体（法人）有所不同。所有的企业法人都是会计主体，但会计主体不一定是企业法人。

（二）持续经营

持续经营是指会计主体的生产经营活动会无限期地正常持续进行下去，即在可以预见的未来不会面临破产清算。持续经营假设是在会计主体假设的基础上，对会计工作时间范围所做的限定。

企业将持续经营作为前提，才能对资产、负债按流动性进行分类，并为历史成本计价提供可能；才能按权责发生制原则对费用进行分配和对收益进行确认，对所承担的债务才能在正常生产经营中清偿。

（三）会计期间

会计期间也称会计分期，是指将会计主体持续不断的生产经营活动在时间上人为地划分为首尾衔接、等间距的期间。企业将会计期间作为前提，才能据以按期结账和编制会计报表，才能及时向企业内部和外部提供会计信息。在我国，会计期间按公历日期从每年的1月1日至12月31日作为一个会计年度，并在此基础上进一步分为季度和月份。

企业将会计期间作为前提，就要求企业对各项费用在各会计期间进行合理分配，对营业收入按期进行合理确认，同时要求各会计期间采用的会计处理方法保持一致，以便进行比较分析。

（四）货币计量

货币计量是对生产经营过程和结果的计量尺度所做的假设，是指会计信息主要以货币作为统一的计量尺度，并假设币值稳定。企业将货币计量作为前提，才能对会计主体发生的经济活动按历史成本进行连续、系统的记录、计算和综合汇总，才能对不同会计期间的会计信息进行比较、分析和评价。在会计核算中也会涉及实物量度和劳动量度，但只是作为辅助量度使用。

在存在多种货币的情况下，会计主体应确定某一种货币作为记账本位币。我国一般以人民币作为记账本位币。业务收支以外币为主的企业也可以选择某种外币作为记账本位币，但编制会计报表时外币应折算为人民币。

二、会计信息质量要求

会计信息质量要求是在会计基本前提确定的基础上，对会计核算工作所提出的一般要求，是会计核算工作的规范，是进行会计处理和编制会计报表的基础。

（一）可靠性

可靠性要求企业应当以实际发生的交易或者事项为依据进行确认、计量和报告，如实反映符合确认和计量要求的各项会计要素及其他相关信息，保证会计信息真实可靠、内容完整。

会计信息要有用，必须以可靠为基础。如果财务报告所提供的会计信息是不可靠的，就会对投资者等使用者的决策产生误导甚至造成损失。为了贯彻可靠性要求，企业应当做到：①以实际发生的交易或者事项为依据进行确认、计量，将符合会计要素定义及其确认条件的资产、负债、所有者权益、收入、费用和利润等如实反映在财务报表中，不得根据虚构的、没有发生的或者尚未发生的交易或者事项进行确认、计量和报告；②在符合重要性和成本效益原则的前提下，保证会计信息的完整性，其中包括编报的报表及其附注内容等应当保持完整，不能随意遗漏或者减少应予披露的信息，与使用者决策相关的有用信息都应当充分披露；③包括在财务报告中的会计信息应当是中立的、无偏的。如果企业在财务报告中为了达到事先设定的结果或效果，通过选择或列示有关会计信息以影响决策和判断的，这样的财务报告信息就不是中立的。

（二）相关性

相关性要求企业提供的会计信息应当与财务报告使用者的经济决策需要相关，有助于财务报告使用者对企业过去、现在或者未来的情况做出评价或者预测。

会计信息是否有用，是否具有价值，关键是看其与使用者的决策需要是否相关，是否有助于决策或者提高决策水平。相关的会计信息应当能够有助于使用者评价企业过去的决策，证实或者修正过去的有关预测，因而具有反馈价值。相关的会计信息还应当具有预测价值，有助于使用者根据财务报告所提供的会计信息预测企业未来的财务状况、经营成果和现金流量。例如，区分收入和利得、费用和损失，区分流动资产和非流动资产、流动负债和非流动负债以及适度引入公允价值等，都可以提高会计信息的预测价值，进而提升会计信息的相关性。

会计信息质量的相关性要求，需要企业在确认、计量和报告会计信息的过程中，充分考虑使用者的决策模式和信息需要。但是，相关性是以可靠性为基础的，两者之间并不矛盾，不应将两者对立起来。也就是说，会计信息在可靠性前提下，尽可能做到相关性，以满足投资者等财务报告使用者的决策需要。

（三）可理解性

可理解性要求企业提供的会计信息应当清晰明了，便于财务报告使用者理解和使用。

企业编制财务报告、提供会计信息的目的在于使用，而要让使用者有效使用会计信息，应当能让其了解会计信息的内涵，弄懂会计信息的内容，这就要求财务报告所提供的会计信息应当清晰明了，易于理解。只有这样，才能提高会计信息的有用性，实现财务报告的目标，满足向投资者等财务报告使用者提供决策有用信息的要求。

会计信息毕竟是一种专业性较强的信息产品，在强调会计信息的可理解性要求的同时，还应假定使用者具有一定的有关企业经营活动和会计方面的知识，并且愿意付出努力去研究这些信息。对于某些复杂的信息，如交易本身较为复杂或者会计处理较为复杂，但其对使用者的经济决策有帮助，企业就应当在财务报告中予以充分披露。

（四）可比性

可比性要求企业提供的会计信息应当具有可比性。具体包括下列要求。

第一，同一企业对于不同时期发生的相同或者相似的交易或者事项，应当采用一致的会计政策，不得随意变更。这是为了便于投资者等财务报告使用者了解企业财务状况、经营成果和现金流量的变化趋势，比较企业在不同时期的财务报告信息，全面、客观地评价过去，预测未来，从而做出决策。但是，满足会计信息可比性要求，并非表明企业不能变更会计政策，如果按照规定或者在会计政策变更后可以提供更可靠、更相关的会计信息，可以变更会计政策。有关会计政策变更的情况，应当在附注中予以说明。

第二，不同企业发生的相同或者相似的交易或者事项，应当采用规定的会计政策，确保会计信息口径一致、相互可比，即对于相同或者相似的交易或者事项，不同企业应当采用一致的会计政策，以使不同企业按照一致的确认、计量和报告基础提供有关会计信息，以便于投资者等财务报告使用者评价不同企业的财务状况、经营成果和现金流量及其变动情况。

（五）实质重于形式

实质重于形式要求企业应当按照交易或者事项的经济实质进行会计确认、计量和报告，不应仅以交易或者事项的法律形式为依据。如果企业仅仅以交易或者事项的法律形式为依据进行会计确认、计量和报告，那么就容易导致会计信息失真，无法如实反映实际情况。

企业发生的交易或事项在多数情况下，其经济实质和法律形式是一致的，但在有些情况下，会出现不一致。例如，以融资租赁方式租入的资产虽然从法律形式来讲企业并不拥有其所有权，但是由于租赁合同中规定的租赁期相当长，接近于该资产的使用寿命；租赁期结束时，承租企业有优先购买该资产的选择权；在租赁期内，承租企业有权支配资产并从中受益等。因此，从其经济实质来看，企业能够控制融资租入资产所创造的未来经济利益，在会计确认、计量和报告上就应当将以融资租赁方式租入的资产视为企业的资产，列入企业的资产负债表。

又如，企业按照销售合同销售商品但又签订了售后回购协议，虽然从法律形式上实现了收入，但如果企业没有将商品所有权包括主要风险和报酬转移给购货方，没有满足收入确认的各项条件，即使签订了商品销售合同或者已将商品交付给购货方，也不应当确认销售收入。

（六）重要性

重要性要求企业提供的会计信息应当反映与企业财务状况、经营成果和现金流量有关的所有重要交易或者事项。

在实务中，如果会计信息的省略或者错报会影响投资者等财务报告使用者据此做出决策的，该信息就具有重要性。重要性的应用需要依赖于职业判断，企业应当根据其所处环境和实际情况，从项目的性质和金额大小两方面加以判断。

（七）谨慎性

谨慎性要求企业对交易或者事项进行会计确认、计量和报告时应当保持应有的谨慎，不应高估资产或者收益、低估负债或者费用。

在市场经济环境下，企业的生产经营活动面临着许多风险和不确定性，如应收款项的可收回性、固定资产的使用寿命、无形资产的使用寿命、售出存货可能发生的退货或者返修等。会计信息质量的谨慎性，要求企业在面临不确定性因素的情况下做出职业判断时，应当保持应有的谨慎，充分估计到各种风险和损失。例如，要求企业对可能发生的资产减值损失计提资产减值准备、对售出商品可能发生的保修义务等确认预计负债等，这些就体现了会计信息质量的谨慎性要求。

但是，谨慎性的应用并不允许企业设置秘密准备。如果企业故意低估资产或者收益，或者故意高估负债或者费用，将不符合会计信息的可靠性和相关性要求，损害会计信息质量，扭曲企业实际的财务状况和经营成果，从而对使用者的决策产生误导，这是会计准则所不允许的。

（八）及时性

及时性要求企业对于已经发生的交易或者事项，应当及时进行确认、计量和报告，不得提前或者延后。

会计信息的价值在于帮助所有者或者其他相关者做出经济决策，具有时效性。即使是可靠、相关的会计信息，如果不及时提供，就失去了时效性，对于使用者的效用就大大降低甚至不再具有实际意义。在会计确认、计量和报告过程中贯彻及时性：一是要求及时收集会计信息，即在经济交易或者事项发生后，及时收集整理各种原始单据或者凭证；二是要求及时处理会计信息，即按照会计准则的规定，及时对经济交易或者事项进行确认或者计量，并编制出财务报告；三是要求及时传递会计信息，即按照国家规定的有关时限，及时将编制的财务报告传递给财务报告使用者，便于其及时使用和决策。

在实务中，为了及时提供会计信息，可能需要在有关交易或者事项的信息全部获得之前即进行会计处理，这样就满足了会计信息的及时性要求，但可能会影响会计信息的可靠性；反之，如果企业等到与交易或者事项有关的全部信息获得之后再进行会计处理，这样的信息披露可能会由于时效性问题，使其对投资者等财务报告使用者决策的有用性大大降低。这就需要在及时性和可靠性之间做相应权衡，以最好地满足投资者等财务报告使用者的经济决策需要为判断标准。

三、会计核算基础

会计核算基础是指会计主体在进行会计业务处理时对会计要素的确认所采用的原则。会计核算基础可分为两种：一个是权责发生制；另一个是现金制。我国《企业会计准则》规定，企业会计的确认、计量和报告应当以权责发生制为基础。

（一）权责发生制

权责发生制原则亦称应计基础、应计制原则，是指以实质取得收到现金的权利或支付现金的责任的发生为标志来确认本期收入和费用及债权和债务。即收入按现金收入及未来现金收入——债权的发生来确认；费用按现金支出及未来现金支出——债务的发生进行确认，而不是以现金的收入与支付来确认收入和费用。

权责发生制是依据持续经营和会计分期两个基本前提来正确划分不同会计期间资产、负债、收入、费用等会计要素的归属，并运用一些诸如应收、应付、预提、待摊等项目来记录由此形成的资产和负债等会计要素。企业经营不是一次而是多次，而其损益的记录又要分期进行，每期的损益计算理应反映所有属于本期的真实经营业绩，收付实现制显然不能完全做到这一点。因此，权责发生制能更加准确地反映特定会计期间实际的财务状况和经营业绩。

（二）现金制

现金制又称收付实现制或实收实付制，是以现金收到或付出为标准来记录收入的实现和费用的发生。按照收付实现制，收入和费用的归属期间将与现金收支行为的发生与否紧密地联系在一起。换言之，现金收支行为在其发生的期间全部记作收入和费用，而不考虑与现金收支行为相关的经济业务实质上发生与否。

在现金收付的基础上，凡在本期实际以现金付出的费用，不论其是否在本期收入中获得补偿均应作为本期应计费用处理；凡在本期实际收到的现款收入，不论其是否属于本期均应作为本期应计的收入处理；反之，凡本期还没有以现款收到的收入和没有用现款支付的费用，即使它归属于本期，也不作为本期的收入和费用处理。

（三）两种会计核算基础的比较

权责发生制和现金制在处理收入和费用时的原则是不同的，所以同一会计事项按不同的会计处理基础进行处理，其结果可能是相同的，也可能是不同的。例如，本期销售一批价值5000元的产品，货款已收存银行，这项经济业务不管采用应计基础还是现金收付基础，5000元货款均应作为本期收入。因为一方面它是本期获得的收入，应当作为本期收入；另一方面现款也已收到，亦应当列作本期收入，这时就表现为两者的一致性。但在另外的情况下两者则是不一致的。例如，本期收到上月销售产品的货款存入银行，在这种情况下，如果采用现金收付基础，这笔货款应当作为本期的收入。因为现款是本期收到的，如果采用应计基础，则此项收入不能作为本期收入，因为它不是本期获得的。

综上所述，采用应计基础和现金收付基础有以下不同：①因为在应计基础上存在费用的待摊和预提问题等，而在现金收付基础上不存在这些问题，所以在进行核算时它们所设置的会计科目不完全相同；②因为应计基础和现金收付基础确定收入和费用的原则不同，因此它们即使是在同一时期对同一业务计算的收入和费用总额也可能不同；③由于在应计基础上是以应收应付为标准来做收入和费用的归属、配比，因此计算出来的盈亏较为准确，而在现金收付基础上是以款项的实际收付为标准来做收入和费用的归属、配比，因此计算出来的盈亏不够准确；④在应计基础上，期末对账簿记录进行调整之后才能计算盈亏，所以手续比较麻烦；而在现金收付基础上，期末不用对账簿记录进行调整即可计算盈亏，所以手续比较简单。

第四节 会计的职能和方法

一、会计的基本职能

会计的职能是指会计在经济管理活动中所具有的功能。会计的职能是随着社会生产力的发展和管理水平的提高而发展变化的。会计的基本职能是会计核算和会计监督。

（一）会计核算

会计核算是指以货币作为统一的计量尺度，对会计主体的经济活动进行确认、计量、记录、计算和报告。其基本程序是：经济业务发生后，取得或填制会计凭证，按审核无误的会计凭证登记账簿，根据账簿资料编制会计报表。通过会计核算，可以正确计算和及时提供资金、成本、利润等经济指标，从而为分析、研究和掌握生产经营过程及其资金运动过程的规律提供依据。长期以来，人们把会计核算只理解为对经济活动的事后核算。事实上，从核算的时间看，它既包括事后核算，又包括事前和事中核算；从核算的内容看，它既包括记账、算账和报账，又包括预测、控制、分析和考核。

（二）会计监督

会计监督是指对企业资金的组织、分配和使用的合法性、合理性和有效性所进行的指导、督促和检查。其基本程序是确定和掌握标准、检查分析、结果处理。通过监督，可以促使企业自觉地按自然规律、经济规律和法规要求来组织和安排经济活动。

会计核算和会计监督是两个相互联系又相互独立的职能。会计核算职能是基础职能，离开了核算，监督就失去了对象；离开了监督，会计核算工作就会失去方向。只有通过监督，核算才能发挥应有的作用。在实际工作中，核算和监督又是交叉的，不可分割的。监督职能又寓于核算职能之中，贯穿于核算的全过程。充分发挥会计核算和监督的职能作用，是实现会计目标的保证。

二、会计的方法

会计的方法是指用以核算和监督会计的对象，实现会计目标的手段，会计的方法也是随着经济的发展、管理要求的提高以及科技的进步而不断改进和发展的。

会计是由会计核算、会计分析和会计检查三部分组成的。会计核算就是记账、算账和报账，是会计工作的基本环节，是会计分析和会计检查的基础；会计分析就是用账，是会计核算的继续和深化，是会计核算资料的具体运用；会计检查就是查账，是会计核算和会计分析的必要补充，是保证会计核算资料和会计分析客观、正确的必不可少的步骤。因此,会计的方法应包括会计核算的方法、会计分析的方法和会计检查的方法。会计分析的方法和会计检查的方法分别列入"管理会计""审计学"等有关课程中讲解,本书只介绍从事会计核算工作所运用的一系列手工数据处理的技术方法。

会计核算的专门方法是对已发生的经济活动连续、系统、全面、综合地进行核算和监督所运用的一系列确认、计量、记录、计算和报告的方法。对企业来说,主要包括设置会计科目和账户、填制和审核会计凭证、复式记账、登记账簿、成本计算、财产清查和编制会计报表等专门方法。

(一)设置会计科目和账户

设置会计科目和账户是对会计核算的具体内容进行分类核算和监督的一种专门方法。由于会计对象的具体内容是复杂多样的,要对其进行系统的核算和经常性的监督,就必须对经济业务进行科学的分类,以便分门别类、连续地记录,以取得多种不同性质、符合经营管理所需要的信息和指标。

(二)填制和审核会计凭证

会计凭证是记录经济业务,明确经济责任,作为记账依据的书面证明。正确填制和审核会计凭证,是核算和监督经济活动财务收支的基础,是做好会计工作的前提。

(三)复式记账

复式记账是指对所发生的每项经济业务,以相等的金额,同时在两个或两个以上相互联系的账户中进行登记的一种记账方法。采用复式记账方法,可以全面反映每一笔经济业务的来龙去脉,而且可以防止差错和便于检查账簿记录的正确性和完整性,是一种比较科学的记账方法。

（四）登记账簿

登记会计账簿简称记账，是以审核无误的会计凭证为依据在账簿中分类且连续地、完整地记录各项经济业务，以便为经济管理提供完整、系统的各项经济业务记录，从而为经济管理提供完整、系统的会计核算资料。账簿记录是重要的会计资料，是进行会计分析、会计检查的重要依据。

（五）成本计算

成本计算是按照一定对象归集和分配生产经营过程中发生的各种费用，以便确定各对象的总成本和单位成本的一种专门方法。产品成本是综合反映企业生产经营活动的一项重要指标。正确地进行成本计算，可以考核生产经营过程的费用支出水平，同时又是确定企业盈亏和制定产品价格的基础，并为企业进行经营决策提供重要数据。

（六）财产清查

财产清查是指通过盘点实物、核对账目，以查明各项财产物资实有数额的一种专门方法。通过财产清查，可以提高会计记录的正确性，保证账实相符。同时，还可以查明各项财产物资的保管和使用情况以及各种结算款项的执行情况，以便对积压或损毁的物资和逾期未收到的款项，及时采取措施，加强对财产物资的管理。

（七）编制会计报表

编制会计报表是以特定表格的形式，定期总括地反映企业、行政事业单位的经济活动情况和结果的一种专门方法。会计报表主要以账簿中的记录为依据，经过一定形式的加工整理而产生一套完整的核算指标，是用来考核、分析财务计划和预算执行情况以及编制下期财务报表和分析预算的重要依据。

联系实际工作可以知道，会计机构和会计人员应根据企业的具体情况，按照统一规定的会计科目开设账户；对日常发生的经济业务，要取得或填制会计凭证，并经审核无误后运用复式记账法在账簿的有关账户中登记；对生产经营过程中发生的各项费用分别进行成本计算；期末在财产清查和账目核对相符的基础上，根据账簿记录编制会计报表。可以看出，会计核算的专门方法是相互联系、密切配合的，构成了一个完整的会计核算方法体系。

第七章 会计管理体制

第一节 会计管理体制概述

一、会计管理体制的含义和内容

会计管理体制的内容概括来讲就是各级会计工作管理机构和下级会计核算组织相互沟通并决定相互在会计管理中的立场、责任和隶属关系。[①]

首先,各级财政部门分级统一管理本地区的会计工作。各级业务主管部门以及基层单位在受上级或同级财政部门的指挥领导过程中,在统一遵守国家会计法律法规的前提下,有权根据本部门、本单位的实际情况灵活组织和处理会计工作。其次,关于会计准则以及统一的会计制度的制定权限,我国各地区、各部门可在相应范围内来制定本地区、本部门的会计制度或补充规定,并且报告给财政部备案。各单位也可以在遵守会计准则、行业统一的会计制度和地区或部门会计制度的前提下,来制定本单位的会计制度。最后,在我国会计人员的业务管理主要由财务部门负责,会计人员的人事管理主要由业务部门负责。

---

① 戚丽丽. 大数据背景下管理会计应用现状及发展趋势[J]. 经济学,2023,6(1):48—50.

二、会计管理体制的作用

（一）有利于加强企业内部控制

会计管理体制对单位自身的会计工作控制有着关键的影响，会计管理体制的完善可以巩固企业自身控制机制，较科学地掌握和筹划企业的会计工作，带动企业迅速成长，使企业经济发展步入一个崭新的台阶。由此来看，一个规范、有效、科学的会计管理体制对一个单位来说是不可或缺的。会计管理体制能够保证企业会计信息的精准性和可信性，全方位控制企业的经济活动，提高投资者对企业的约束和掌控能力。企业要想促进其自身的会计管理体制的发展，全面加强企业会计管理的约束力，迅速扩大企业的经济发展规模，就必须从根源上控制经济活动，彻底遏制会计违法与违规现象发生，将企业的违规成本降到最低，大大减少企业不必要的经营成本。

（二）有利于国家宏观调控

会计信息是我国会计管理体制的重要组成部分。国家为了更为有效地进行宏观调控，必然要求会计所提供的信息能满足国家宏观调控的需要，国家对会计活动进行干预也就成为一种必然。因此，必须要以经济发展为目标去制定企业会计准则。

（三）有利于协调企业中的利益关系

企业的会计信息反映了企业在一定时期内的财务状况和经营成果，这些财务状况和经营成果体现了一定的经济利益关系。在企业会计信息中对于经营成果的表现，不仅包括企业向国家税收机关交付的税款总额，还应包含企业向所有者和债权人支付的利润或利息，以及表现为企业能否按时支付其所欠债务。会计管理体制对企业的发展有着巨大的影响，其可以从根源上避免企业利益主体与企业之间的账务或资金的冲突，确保企业的经济活动全面正常运行，还能确保企业的会计行为有效、合法，从而使企业加强对会计工作的管理和制约，确保企业经济主体在运营正常的条件下健康发展，最终全面协调企业的各种经济关系。

三、会计管理体制存在的问题

首先，会计内部建设和会计监督机制不健全。对于一个企业来说，企业经营者可以控制整个企业的会计监管人员的调转、离职以及薪酬增减等。而企业经营者往往为了应付有关部门的检查，不惜扭曲事实，使会计信息失去了应有的公正性，企业也随即出现贪污腐败现象。企业会计管理者及会计人员威信力较弱，加上会计基础工作薄弱，会计监督能力弱，企业财经纪律混乱，会计管理能力较差，企业自身约束力和管理能力薄弱，同时社会监督和政府监督体系不严谨，结果导致企业会计违法与违纪的现象比比皆是，会计信息造假事件频发，对我国正常的社会财经管理造成冲击，同时给经济的进步带来负面影响。

其次，管理人员不重视会计管理制度。在现行的会计管理体制中，企业负责人员容易看轻会计管理制度，不注重会计管理制度的确立和修正，使得会计管理制度更多成为摆设。当前我国一些企业的管理者单纯地把实施会计管理工作认为是对企业人力资源和物力资源造成的不必要消耗。因此，在企业经营过程中忽视会计管理制度的执行，还会把会计管理制度当成应付监督机构检查的一项手段。由于某些企业经营者思维方式比较落后，对当今会计管理情况认知匮乏，没有科学合理的经营思想，也没有把会计管理的实施当成单位高效率经营的主要影响因素，因此也就无法认识到会计管理体制对于一个企业的重要性。这些管理者对于会计管理制度缺乏应有的全面认识和深入了解，也没有对会计管理制度进行一些理论研究。这些都将影响到会计管理制度的确立和修正，导致会计管理制度表现不出其在企业经营中存在的价值，影响到一个企业的发展。

最后，会计人员法律意识淡薄。在企业中，财务部门是一个很重要的部门，但是在我国屡屡出现会计管理失控的现象。究其原因，虽然我国陆续颁布了《中华人民共和国公司法》《中华人民共和国会计法》《中华人民共和国注册会计师法》等相关法律条款，但是因为一些企业负责人缺乏对这些会计规章的了解，结果导致许多不法事件仍然不断涌现，造成了一些企业会计从业人员出现了有法不依、执法不严的情况。这样的会计从业人员势必会对企业的发展造成不小的负面影响，进而影响整个市场经济的发展。我国有关财政部门、审计机构、税收机构、金融机构等相关机构均对企业会计从业人员以及注册会计师承担监督和约束的责任，但是有些部门彼此推卸责任，这与当今市场经济的进步的理念相违背。

伴随社会经济的持续变迁和社会主义市场经济环境的持续优化，会计管理体制对国家经济活动的监督和控制作用正在发生变化，包括会计管理体制存在僵化的可能性、会计管理体制无法适应国际经济环境等，使得会计管理体制不得不及时升级和换代。因此，针对会计管理体制及模式的优化分析是具备前瞻性和必要性的。

（一）企业会计管理体制现状

由于企业组织制度及经营规模的差异，不同企业会计管理体制现状不尽相同，但是普遍特征依然相似：一是会计监督方法的选择不当。由于个别企业的会计管理体制过于简单，企业通常不会科学选择配套的会计监督机制，如存在会计监督部门不健全、会计监督流程的实质性不强等不足，使得企业的会计活动难以受到有力的监督和独立的控制；二是会计管理体制的变革机制有待完善。出于企业对会计管理成本的考虑，不少企业基本不考虑会计管理制度及模式的持续改进和完善，使得企业会计活动的效率提升存在难度。也就是说，如果企业会计管理体制无法及时引入新技术与先进管理模式的核心内容，企业就无法充分改进其内部治理结构、优化会计活动分工，这最终影响到企业综合管理水平的提升。

（二）机构的会计管理体制现状

作为社会主义市场经济活动的重要风向标，政府机构以及专业机构的会计管理体制对企业会计管理体制形成一定程度的引导作用。具体而言，这包括两方面内容。一方面，是行政事业单位的会计管理体制现状。由于《政府会计制度》的持续完善和深入执行，行政事业单位的会计管理活动具备明显的模范导向性和科学目标性，包括财务会计和预算会计并行的会计核算体系，还包括收付实现制与权责发生制的转化和升级，使得各级行政事业单位的会计活动更为合法、合规和高效，最终有助于财政资金使用效益、单位提供公共服务质量的稳步提升。另一方面，是以非行政事业单位性质的专业机构为主的会计管理体制现状。由于财政部、中国总会计师协会、中国会计学会、中国注册会计师协会对国家会计规章制度及立法的影响巨大，我国会计管理体制现状主要体现为"统一领导，分级管理"的层级分布。也就是说，各级会计人员、各类资质的会计管理人员受到专业机构的影响和监管，包括资格考试、资格认定及评估和会计职称评审等活动受到专业机构和协会的管理和监督，从而保证会计从业人员的从业合规性和合法性。因此，我国基于会计专业监管机构或协会的会计管理体制基本上是完善的。

（三）会计管理体制及模式中存在的不足

由于我国市场经济与全球经济接轨程度不断加深，加上改革开放具体政策的不断深化落实，使得目前会计管理体制及模式中依然存在一定的不足。具体而言主要体现为两方面内容。一方面是企业会计管理机制的效用欠缺。由于企业制度章程、会计法律法规的执行不力，企业会计管理制度要求的会计核算流程、授权原则等机制难以发挥改善企业经营管理的作用，甚至出现企业会计人员刻意违规的现象，从而影响企业会计管理机制的健康运转；另一方面是企业会计管理体制与行政管理规范标准性欠缺。由于众多企业的国有性质较强，其会计管理体制需要与行政管理规范同时执行和应用，同时二者的优先级确定并无标准流程，使得个别经济事件的核算监督受制于多方面因素，导致因权限不足、权力越位而出现的监督困境情况偶尔发生。

第二节　会计管理体制的形成

我国的会计管理体制是和财政、财务管理体制紧密相关的。新中国成立初期，为改变国民经济发展极度混乱和困难的局面，我国在经济战线上开展了争取国家财政经济状况根本好转的斗争。在统一国家财政收支和统一经济管理的过程中，形成了我国以高度集中统一为主要特征，按行政隶属关系实行适度分级管理的财政、财务管理体制。会计工作作为财政工作的基础和重要组成部分，会计管理体制也相应地逐步形成。

我国的会计管理体制，在改革开放以前的较长时期内，主要是通过会计制度拟定、实施和决算报表的编审来体现的。

一、预算会计制度的统一和预算会计管理体制的形成

为统一国家的财政收支，1950年3月，政务院公布了《中央金库条例》。随后，财政部制发了《中央金库条例施行细则（草案）》，首次对金库会计制度做出了原则性的规定。统一金库会计制度是我国统一预算会计制度的开始。

1950年12月，财政部制发了适用于各级财政机关的《各级人民政府暂行总预算会计制度》和适用于各级各类行政事业单位的《各级人民政府暂行单位预算会计制度》，并从1951年开始施行。这两项预算会计制度的颁布实施，不仅实现了我国预算会计制度的统一，而且规定了"统一领导，

分级管理"的预算会计制度的分级组织体系。《各级人民政府暂行总预算会计制度》规定:"各级人民政府总会计的分级是,中央总会计,大行政区(后撤销这一级建制)或自治区总会计,省(市)总会计,在专员公署财政科不设总会计,但可视工作需要由省委托代理总会计。各级人民政府总会计,在业务处理及制度实施上应受上级总会计指导与监督。"《各级人民政府暂行单位预算会计制度》规定的单位预算级次包括:"凡与总会计直接发生领报关系的机关,其会计为一级单位会计;凡与一级单位会计直接发生领报关系的机关,其会计为二级单位会计;凡与二级单位会计发生直接领报关系的机关,其会计为三级单位会计……"各级单位会计在业务处理及制度实施上应受上级单位会计之监督与指导。上级单位会计应受人民政府总会计之监督与指导。

1951年7月,我国第一个《预算决算暂行条例》(以下简称《条例》)由中央人民政府政务院正式发布,对预算、决算的分类,组成体系,预算的编制及核定,预算的执行,决算的编报及审定等做出了具体的规定。《条例》不仅规定了我国基本的财政管理体制,而且将我国会计制度规范中的预算会计管理体制用国家的行政法规确定了下来。同时,《条例》还规定:"各级企业主管部门,应将所属企业机构之预算拨款、预算缴款部分,报经同级财政机关分别列入各该级总预算、总决算。""前项预算拨款、预算缴款,应根据各企业结构年度财务收支计划,及年终决算编报数额,分别编列之。"这一规定实质上把企业财务收支纳入了国家预算、决算体系,从而也为企业会计管理体制的形成制定了基本原则。

各级总会计和单位预算会计的职责权限,根据《预算决算暂行条例》和相关会计制度的规定,可归纳为以下几点:①各上一级总会计和单位会计在业务处理和制度实施上对其所属下级进行监督和指导。这里所称的业务和制度,实际上包括财政、财务、会计业务和制度;②各上一级总会计和单位会计对其下一级编报或汇总的会计报表进行审核、汇编,如发现编报机关的决算有错误、遗漏或重复等情况,应更正数字汇编,并通知原编报机关。如发现有匿报、伪造或违法的收支，除更正数字外，应依法处理；③必要时对下级会计主管人员变更办理会计交接时进行监交。

二、企业会计制度的统一和企业会计管理体制的形成

统一国有企业的会计制度和会计工作管理体制是统一企业会计管理的基础，对此，新中国成立伊始，中央政府就给予了高度的重视。1950年3月，政务院财政经济委员会发布《关于草拟统一的会计制度的训令》以后，即开始了企业统一会计制度的草拟工作，并经财政部审查核定后陆续印发，之后由重工、轻工、纺织、铁道等部门拟定本部门所属企业和经济机构的会计制度草案。1951年，财政部门开始统一拟定各主要行业的统一会计制度。

1952年1月，政务院财政经济委员会发布了《国营企业决算报告编送暂行办法》（以下简称《办法》）。《办法》虽然主要是对企业决算报送问题的规定，但根据《预算决算暂行条例》有关规定制定的这个《办法》，实质上展现了我国企业会计管理体制的雏形。

《办法》规定，基层企业的月度计算报告、季度的结算报告和年度的决算报告，按隶属系统报主管企业机构或主管企业部门。各级企业主管机构对所属企业上报的决算报告，应逐级审核、批复、汇编、加注审核意见，转报主管企业部门及其同级财政部门。主管企业部门对于所属主管企业机构及直属各基层企业上报的决算报告，应予审核、批复、汇编、加注审核意见，送同级财政经济委员会及财政机关。这些规定包含两层含义：其一，按隶属关系，企业主管部门与企业主管机构之间（即上下级企业主管部门）以及企业主管部门（或企业主管机构）与企业之间在会计管理体制上属于上下级的关系；其二，财政部门与同级企业主管部门（或企业主管机构）之间在会计管理体制上属于管理与被管理的关系。

在企业内部，《办法》体现了企业行政领导对本企业会计工作负领导责任的要求。

根据《预算决算暂行条例》和《办法》的规定，各级财政部门和各级企业主管部门、企业主管机构在会计管理方面的职责权限，可以归纳如下。

与预算会计管理体制相同，各级财政部门和企业主管部门（或企业主管机构）对其所辖和所属企业的会计工作在业务处理和制度实施上进行监督和指导。

财政机关审核企业主管部门报送的企业决算报告，在审核决算报告时，须向企业主管部门或通过企业主管部门向企业主管机构、基层企业查阅账册，调取证件报表及其他有关资料。财政机关对审核的决算报告提出书面意见，"财政机关与主管企业部门对于审核决算报告的意见不能一致时，应由各级财政机关分别提请政务院或大行政区（中央直属自治区）人民政府（军政委员会）解决"。

企业主管机构及企业主管部门审核批复所属企业的决算报告，并汇编上报。"审核所属上报的决算报告时，如发现错误，应予查明更正，改进意见应在财务情况说明书内叙述。"

对会计制度的制定权限做出了相应规定。例如，《预算决算暂行办法》规定：会计报表的格式及所列的项目，除中央人民政府财政部已有统一规定者外，应由企业主管部门于统一会计制度内规定。属于成本报表者，由中央人民政府财政部统一规定。

回顾历史，可以看出，建国初期，适应我国政治体制、经济体制的需要，我国会计管理体制的基本框架是中央财政部门统一管理全国的会计工作；大行政区、省市等各级政府财政部门管理本地区的会计工作；各级企事业单位主管部门管理本系统、本部门的会计工作；各基层企事业单位的行政领导管理本企业、本单位的会计工作。总体来说，全国的会计工作一直按该体制运行，而且成为以后会计管理体制改革和完善的起点。

第三节 会计管理体制的恢复、健全和发展

1976年以后，我国国民经济及社会生活的各个方面的发展进入了一个新时期，会计工作也迎来了前所未有的崭新局面。会计管理体制也得以恢复，并随着政治、经济体制改革的深入而发展和完善。

一、《会计人员职权条例》的修订和颁布

为了迅速恢复会计工作秩序，明确会计人员的职责、地位、工作权限等，以充分调动广大会计人员工作的积极性，财政部在总结1963年颁布的《会计人员职权试行条例》实施经验的基础上，对原试行条例进行了修订，提请国务院审议。新的《会计人员职权条例》很快经国务院审议通过，并于1978年9月12日颁布实施。《会计人员职权条例》除对原试行条例的五章做了适当修改外，还增加了"总会计师"和"技术职称"两章。《会计人员职权条例》中对会计机构的设置、会计人员的职权等做出了明确的规定。

《会计人员职权条例》的发布实施，对会计工作的全面整顿和恢复发挥了积极的推动作用，其中有关会计机构、会计人员的规定，尤其是对总会计师、会计技术职称的明确规定，不仅极大地调动了广大会计人员的工作热情和积极性，而且对逐步恢复和完善我国的会计管理体制具有十分重要的作用。

二、各部门各地区会计管理机构的恢复、建立

随着经济体制改革的逐步展开和国民经济的恢复与发展，会计工作在经济管理中的重要地位和作用日益显现，各部门、各地区也随之普遍加强了对会计工作的领导和管理。国务院各业务主管部门迅速恢复或组建了管

理本部门财务会计工作的专门机构,其职能主要是组织和管理本部门、本系统的会计工作,在与国家统一的会计制度不相抵触的原则下,制定适用于本部门的有关会计制度的具体办法或者补充规定,并组织本部门会计人员进行培训。

20世纪80年代初,山西和贵州率先在省财政厅设立会计管理专门机构。20世纪80年代中期以后,各省、自治区、直辖市财政厅(局)也先后成立会计管理的专门机构——会计事务管理处(有的称为会计处),并在绝大多数的地、市、县财政部门陆续成立了会计管理机构(会计事务管理科、股等),一些乡镇财政所也设置了会计管理机构(会计事务管理组)或设有专人负责会计管理工作。各级地方财政部门的会计管理机构的职能主要是负责本地区的会计管理工作,如负责国家统一的会计法规、制度在本地区的贯彻实施,制定本地区的会计法规、制度、办法,组织本地区的会计人员进行培训,负责本地区的会计人员管理工作等。

各部门、各地区会计管理机构的恢复、建立和完善,适应了新时期经济发展对加强会计管理工作的要求,进一步完善了"统一领导,分级管理"的政府主导型的会计管理体制,保证了国家有关会计方面的法规、制度得以顺利贯彻实施,为我国会计工作的加强、发展和创新奠定了基础。

三、《中华人民共和国会计法》的颁布和会计管理体制的法制化

1985年1月第六届全国人大常委会第九次会议审议通过了新中国第一部《中华人民共和国会计法》(以下简称《会计法》),并以中华人民共和国主席令公布,于1985年5月1日开始实施。1993年12月,第八届全国人大常委会第五次会议对《会计法》进行了第一次修订。

《会计法》第一次以国家法律的形式,对我国会计工作的管理部门和管理权限等进行了明确规定:"国务院财政部门主管全国的会计工作。县级以上地方各级人民政府财政部门管理本行政区域内的会计工作"。国家统一的

会计制度由国务院财政部门根据本法制定公布。各省、自治区、直辖市人民政府的财政部门，国务院业务主管部门，中国人民解放军总后勤部，在同本法和国家统一的会计制度不相抵触的前提下，可以制定实施国家统一的会计制度的具体办法或者补充规定，报国务院财政部门审核批准或者备案。

对于会计机构的设置和会计人员职责等，《会计法》明确规定：各单位根据会计业务的需要设置会计机构，或者在有关机构中设置会计人员并指定会计主管人员。不具备条件的，可以委托经批准设立的会计咨询、服务机构进行代理记账。大、中型企业、事业单位和业务主管部门可以设置总会计师。

《会计法》对中央和地方之间，财政部门和其他业务主管部门之间会计管理范围和管理权限进行了划分和规定，使我国的会计管理体制以国家立法的形式确立，标志着我国政府主导型的会计管理体制逐步完善并步入了法制化的轨道。

四、《会计改革纲要》的发布和会计管理权限的进一步明确

20世纪80年代以后，随着经济体制改革的逐步深入，要求对会计工作进行全面的改革，以促进会计管理工作的全面发展。

1990年11月，在财政部主持召开的第三次全国会计工作会议暨全国会计工作先进集体和先进会计工作者表彰大会上，重点研究了会计改革问题。会上讨论了财政部经过多年酝酿研究提出的《会计改革纲要（试行）》（讨论稿）。该文件经会议讨论、修改，于1991年7月发布试行。在总结试行经验的基础上，经过1995年全国会计工作会议讨论和修改，新的《会计改革和发展纲要》（以下简称《纲要》）于1996年颁发施行。《纲要》明确提出新时期会计改革的总体目标是建立适应社会主义市场经济发展要求的会计体系。《纲要》还提出，适应转变政府职能要求，在会计事务的宏观管理

中，逐步建立以会计法规为主体，法律、行政、经济手段并用，有利于改善和加强宏观调控，同时可以发挥地方、部门、基层核算单位积极性和创造性的管理体制。

为适应建立社会主义市场经济体制的需要，为进一步深化会计核算制度改革，1996年1月，财政部制发了《关于深化企业会计核算制度改革、实施会计准则的意见》。这一文件的第三部分"组织领导和分工协调"规定：根据《会计法》规定的会计管理体制和"统一领导，分级管理"的原则，各级财政部门和国务院业务主管部门应当加强对会计准则和行业会计核算制度实施工作的组织领导，做到合理分工，并搞好协调。文件明确：财政部统一管理全国的会计核算工作。其具体负责：①统一制定会计核算制度改革的总体方案，指导会计准则和行业会计核算制度的实施工作；②统一制定并解释会计准则和行业会计核算制度；③统一组织会计准则和行业会计核算制度的实施；④统一制定培训规划和培训要求，统一编写培训教材；⑤对各地区、各部门组织实施会计准则和行业会计核算制度的情况和效果进行监察和考核；⑥对各地区、各部门制定的有关补充规定和实施办法进行审查和批准。

关于地方财政部门的管理范围和权限，该文件明确规定：各省、自治区和直辖市财政厅（局）按照法定权限和财政部的统一要求，负责管理本地区会计准则和行业会计核算制度的实施工作。该文件还对各项具体工作的职责、权限做出了规定。

这些规定虽然主要是针对会计准则和会计核算制度的管理，但所体现的精神同样适用于其他会计管理工作。可以说，这一规定对我国新时期会计管理体制做出了明确、完整、系统的规定，标志着适应社会主义市场经济需要的会计管理体制的成熟。

第四节　会计管理体制创新

一、会计管理体制的组成

作为一种制度来看，会计管理体制由非正式的约束、正式的约束以及实施机制三个部分组成。

（一）非正式的约束

作为会计管理体制的非正式约束部分来看，企业的管理层、会计，以及审计方面的人员的职业道德建设都是不能被忽视的一个环节。在我国，社会经济生活中有很多方面都是使用非正式的约束进行维持的，人们生活的大部分约束都是以非正式的形式进行的。由于非正式约束本身还存在着一定的局限性，因此如果没有正式的约束，很多事项的实施就会变得很难，从而使得一些较为复杂的交换难以发生。

（二）正式的约束

正式约束是指人们有意识创造的一系列政策法则。正式约束包括政治规则、经济规则和契约，以及由这一系列的规则构成的一种等级结构，从宪法到成文法和不成文法，到特殊的细则，最后到个别契约，它们共同约束着人们的行为。在正式约束中，新制度经济学认为，政治规则通常决定着经济规则。

（三）实施机制

由于会计管理体制的存在，人们才能够以此为基准进行决策。在实际的应用中，判断一个国家的会计管理体制是否是完备的，不仅要关注这个国家正式的会计法规，非正式的伦理规范，判断其是否是合理的，更加需要关注的是有没有相应的实施机制。任何完善的法律，如果没有一个较为健全的实施机制作为支撑，都是如同虚设地存在。历史上，很多情况都并不是没有法律可以作为支撑，而是没有建立起与完善的法律法规相匹配的实施机制。我国目前还没有较为完善的、相应的实施机制，因此要想真正实现对于法律法规的落实，是一件十分不容易的事情。

二、会计管理体制创新的作用

（一）完善会计信息内容

因为企业的会计管理体制是相对于其内部的经济活动进行的，因此会计管理体制是整个会计信息管理过程中的一个重要的基础。对于会计管理体制进行创新和改进，能够使得会计信息内容更加完备，从而促进企业的经济发展。我国很多企业的治理结构没有产生应有的效果，除了制度上的原因之外，还缺乏支持有效决策以及有效行动的相关信息。这些信息通常是由企业管理的自我调控系统提供的。

企业的治理结构必须能够很好地解决两个方面的问题：一方面是企业的各个相关的利益主体需要什么样的会计信息来帮助他们做出相应的决策，进而能够进行更好的管理，这就需要会计信息内容更加准确；另一方面是建立一个合理的、有效的会计信息的传送系统，这样才能够保证企业的会计信息及时、准确地满足企业的各个利益相关者的需求。因此，对于会计的管理体制进行创新性改革，必须要在政府的帮助下完成。政府为企业的会计活动构建明确的、较为完备的会计法规体系，从而对企业的会计活动进行指导。另外，相关部门还需要对制定的规则进行明确的界定，保证企业能够执行相关的规则，在这样的基础上来对企业的会计活动进行外部的制约，充分发挥出税收法规体系在会计信息的产生过程中的约束作用。

（二）改善会计信息失真

目前，会计信息还存在着失真的现象，其中一部分原因就是其与税收制度是不完全匹配的，并且存在着不完善、不健全的问题，正是这些问题导致了会计信息的失真。因此，应该采取一些创新措施来对这种现象进行改善。在企业受到的外部约束中，法律环境的约束是很关键的一部分，而其中税务环境约束尤其重要。税务的规则与企业的会计之间有一定的关系，使得其对于企业的经营者有着较大的影响。因此，税务环境是企业会计行为的一个重要的外部环境。在我国，目前税务规则的实施机制处于较为弱化的环境中。首先，税务规则主要是由人来进行组织和实施的，而有些税务的稽查人员其本身的素质不高，甚至根本就没有经过正规学习，对于会计知识不了解。有些人只经过了较低层次的会计学习，难以满足税务稽查人员的工作需要，难以把相关的工作做好。除此之外，还有一些稽查人员存在以权谋私的问题，如果企业严格按照要求进行纳税，虽然可以保证国家的税务收入增加，但是却不一定能够达到稽查人员希望的效果。因此，要想改变税务这部分的问题，就需要对相关的制度进行创新性改进，在加大税务征管力度的同时，强化对税务稽查的监控。

第八章 会计管理的风险控制

一、企业会计管理存在风险的原因

企业会计管理环境的多样性。企业会计管理的宏观环境复杂多变，而管理系统不能适应复杂多变的宏观环境，是企业产生会计管理风险的外部原因。会计管理的宏观环境包括经济环境、法律环境、市场环境、社会文化环境、资源环境等因素。这些因素存在于企业之外，但对企业会计管理产生重大的影响。宏观环境的变化对企业来说是难以准确预见和无法改变的，宏观环境的不利变化必然给企业带来会计管理风险。

企业会计管理风险虽然在短时间内不会给企业的正常运行造成阻碍，但是只要企业进行会计活动，风险就一定伴随而来。在目前的企业会计管理工作中，管理人员对会计风险的管理并没有形成较为系统、全面的防范体系，其思想意识仍旧停留在传统的财务管理层面，不能与时俱进地提高知识应用水平及工作责任意识。因此，管理人员对风险认知的缺失是导致管理失败，引起风险问题频发的主要因素。

经济决策盲目进行。企业的经营者不能按照相关数据的分析报表进行计划投资，在做经济决策时过于盲目及草率，就很可能导致投资环节出现较大风险，更严重的还会导致投资失败，使经济利益受损。如果企业想要长远发展，并实现经济利益的最大化，就要在做出经济决策时，利用科学有效的会计信息进行综合考量，并对投资项目的可行性做出方案计划，以规避投资风险。但是目前由于企业经营者的风险意识不够强，导致风险管理的发展存在一定的制约性。这就造成了部分企业在进行经济决策时往往只凭自己的主观判断及经验总结，导致投资失败现象频发，资金损失惨重，从而使得企业经营状况面临危险。

二、降低企业会计管理风险的措施

目前我国企业内部的经济管理水平普遍不高，企业内部的责任划分不够明确，缺乏强而有力的管理制度的制约，会计管理风险难以控制，使企业经营陷入困境。

1. 确定企业会计管理方向。只有确定了企业会计管理的方向，才能促使企业向着这一目标更快、更好地发展，并在市场竞争中不断优化会计管理模式。在当前的社会经济体制中，企业社会地位的提升，不能仅仅依靠其核心竞争力来实现，更重要的是企业精神及企业管理意识。只有企业管理意识足够强大，才能从根本上提高企业管理水平，促进企业不断深化改革。

因此，在会计管理中应充分发挥其风险预判作用。企业若想在市场竞争中占据主导地位，就应将对风险的规避工作放在首位。因为企业只有具备较强的经济运作能力，才能在市场机遇来临时掌控有利时机，提高企业经济运行效率，提升企业经济实力，促进企业发展目标的实现。

2. 提高企业内部监督水平。企业内部的监督管理机构是会计信息真实性及合法性最直接的监管部门，其不仅可以监督企业经济往来是否符合国家相关要求，经济活动往来是否真实，会计工作是否符合规章制度，还可以在监督过程中发现企业存在的财务风险，并对风险进行管理及预防，提高企业经济运行的安全性及可靠性，使会计管理的效率得到较大提升。其中包括会计部门中的会计从业人员、出纳人员、企业内部审计人员、企业经营者及负责人之间的互相监督。在日常工作中，这部分人员的工作职能既相互分离，又存在一定的联系性，既相互制约，又相互影响。

3. 提高企业财务会计报告质量。企业的会计信息是对企业一定周期内的经营状况及资金流动情况最真实的体现，弄虚作假的行为是不可取的。

一旦企业需要外部投资支持时,为了获取更大的投资空间,虚报企业财务收支情况,将会直接导致企业负债增加,企业的正常运行也将受到影响。因此,企业的会计信息务必是真实有效的,这不仅可以树立良好的企业形象,还能够降低会计管理风险的发生频率。

4.提升会计管理水平。虽然当今时代企业数量呈现不断上升的趋势,但是企业会计管理水平却停滞不前,会计管理无法实现对企业经营情况的宏观控制。因此,企业为了谋求更高效的运行效率,应将会计管理水平进行根本上的提升,并加强会计工作监管力度,以规避会计管理风险。会计管理内容要进行细化分工,加强会计责任管理制度建设,充分发挥会计监督职能作用,使会计管理水平更具规范性及有效性,提高企业的综合实力。

在现代企业发展过程中,企业必须加强会计管理工作,贯彻落实责任会计的理念,以科学认真的精神、求真务实的态度建立合理、规范、有序的会计责任体系,促使企业会计人员更加积极主动地发挥其主观能动性,避免人为失误对企业造成的损失,将会计管理的风险防范工作落到实处。

第九章 会计管理的实践应用研究

第一节 税务会计管理的实践应用

一、目前税务会计管理应用的瓶颈

近几年，税务会计管理已经应用于税务活动之中，并在税收管理中发挥着重要作用。税务会计管理与税务会计是相互联系的，也是相互依存的。税务会计是基础，税务会计管理是对税务会计职能作用的延伸。但是，二者又是不同的。税务会计主要是对税务经费的来源、去向（用途）的核算、反映、监督。而税务会计管理则主要是利用财务数据、资料对税务活动进行分析、管理。总体来看，会计管理在税务部门的应用仍然处在初级阶段，一方面，其应用范围较小，只有少数工作和项目运用了这种管理手段；另一方面，其应用水平不高，没有充分发挥会计管理的服务作用。当前税务会计管理应用的瓶颈主要表现在以下方面。

（一）缺乏税务会计管理规章制度和操作流程

税务会计管理活动与其他财务会计活动一样，要有相应的规章制度来进行规范。税务会计管理的应用，是税务管理方法与手段的创新。但是，税务会计管理规章制度方面几乎为零。税务会计管理的操作流程、具体的管理职能以及其与税务会计的关系等也没有明晰地阐述。这些亟须制定的制度、管理方法以及待明确的操作流程问题，阻碍着税务会计管理的操作和应用。

（二）税务会计管理人员的专业素质较低

税务会计管理人员的专业素质的高低，对税务会计管理工作的顺利开展有直接影响。但是由于历史的原因，在基层税务部门，懂得税务会计的人员多，但熟悉会计管理知识的人员较少，比较欠缺对新的会计管理技术进行运用的经验。专业人才的欠缺致使会计管理的工作无法有效进行，从而成为制约税务会计管理应用的又一个重要因素。

（三）获取税务会计管理的信息难度较大

目前，税务信息化建设与数据效益的互通整合迈出了坚实步伐，数据化程度得到有效提高，但税务会计信息的数据质量参差不齐，大数据在会计管理中的应用深度不够，对会计战略的反映不够突出，对企业决策的支撑作用还有待深化。这主要体现在会计管理在数据信息的统计和利用方面存在难度。税务部门中会计管理的信息来源主要有税务内部、外部两方面。目前没有设置专门的数据库来管理纳税单位的数据信息，造成数据信息不能被相应的会计管理方式所调用。而会计管理的信息数据对税务的会计管理工作有重大意义。在这样的情形下，会计管理的相关人员就只能通过问卷、报告、日常生活交流、会议记录等方式来获取相关的信息，这使得税务部门会计管理信息的来源较为复杂，获取信息的难度也在加大，导致信息的准确性、一致性受到了限制。会计管理系统也就无法全面正常运行。

（四）税务会计管理效率仍有不足

随着社会的不断发展，经济业务日渐繁杂，给税务会计管理工作带来了较大的考验。税务部门中的会计管理业务主要的来源是各个纳税企业，由于企业的快速发展，税务会计管理工作也在不断创新，出现了一些新的管理方式。可这些管理方式在其具体的操作中却无法达到预期的效果，还对税务会计管理的应用造成了一定的制约。税务会计管理工作是需要多方面考虑的，如制定税务会计管理的目标、提高税务会计管理的效率等，这将影响到税务会计管理的应用和发展。

二、加快税务会计管理应用发展步伐的建议

要加快税务会计管理的发展，就必须对税务会计管理应用中的各种问题进行有效解决，减少会计管理应用中的瓶颈所造成的阻碍，因此，在现代经济环境下，需要采取以下有效应对策略，以加快税务会计管理的发展步伐。

（一）建立健全相关规章和操作流程

一方面，建立健全适合税务会计管理工作需要的企业内部财务制度，包括内部会计核算制度以及内部财务管理制度等。要通过深入调研，了解税务会计管理的特征、操作流程、应用的新要求等，结合实践制定出税务会计管理的操作流程、规章等。应用税务会计管理加强对企业内部的税务活动监管的关键是要密切联系实际，进行有效的、科学的操作，有的放矢地进行管理，充分发挥会计管理的职能作用。

另一方面，在现代市场环境下，为了增强税务会计管理应用的能力，税务机关内部需要建立和完善税务会计管理的核算体系与指标体系。税收活动的特点是"依法治税，依法征管"，税务会计管理要依法参与各种管理活动。社会经济活动的变化、改革的深入，都会引起税务活动发生变化。因此，税务会计管理要坚持动态管理原则，以确保每一项管理都符合实际，以取得预期的效果。

（二）开展培训提供人才支撑

多年的实践证明，紧密联系税务工作实际开展专业知识培训，是一个投入少、时间短、见效快的好方法。解决税务会计管理人员缺少的问题，及时让税务人员掌握会计管理知识，应开展多种形式的培训工作，有计划

地组织税务人员学习会计管理知识。首先，要组织专题培训班。组织现有的会计管理人员学习会计管理的有关知识，尽快掌握会计管理的操作、管理技能，适应税收征管的需要。其次，把会计管理知识列入税务人员学习培训规划，做到会计管理知识培训全覆盖，以及"人人学，人人懂，人人会运用"。最后，引导对会计管理有兴趣的税务人员深入学习。譬如，组织税务人员到大学或专科院校进修学习，同时鼓励自学，尽快培养一批税务会计管理的专业人才。这样可使有新的管理技术却没有专业管理人员的问题得以有效解决，使税务会计管理人员素质较低的瓶颈得以突破。

（三）突破税务会计管理信息处理的瓶颈，加快税务会计管理信息化建设

信息化是支持税务会计管理理念与方法落地，支撑税务会计管理功能作用发挥和价值实现的重要手段和推动力。这可以从以下两方面来进行：一方面，对税务会计管理的工具整合工作进行完善。工具整合是税务会计管理的功能作用可以得到发挥的前提。税务部门属于国家机关，税务会计管理和一般的企业会计管理工作是不同的，这些相关的管理方法均是通过独立系统来运行的，没有结合在一起，就无法实现资源的共享。因此，只有将各个税务会计管理的工具结合在一起，将其进行统一之后才能实现资源共享；另一方面，建立相应的数据库，将所采集的信息存储在数据库中，让信息传递、更新的速度得以加快，进而满足管理人员的个性化需求，最终让信息来源多元化的瓶颈得以突破。

（四）提升管理技能和工作效率

在全面深化改革、产业转型升级的新时期，企业数量越来越多，涉税种类越来越广泛，传统的会计职能已经不能满足经济发展和群众的需求。因此，税务工作者应充分运用税务会计管理方法，帮助企业对销售成本、利润甚至企业资金的变动趋势做出预测。同时，其还可以运用税务会计管理对产品进行评估，了解产品在其生命周期各环节中的成本和进入市场后

成本的转换情况，测算、评估产品的经济效益，帮助企业选择更合适的投资计划，优化企业资源配置、提高企业经济效益和核心竞争力。税务部门也可以运用税务会计管理了解企业的运营情况，结合当前的经济发展形势，制订更加科学合理的税收计划，保障基层单位顺利完成税收任务。目前，税务部门的经费并不宽裕，需要用钱的地方很多，资金供求矛盾仍十分突出。因此，要运用税务会计管理，建立健全行为规范、运转协调、管理高效、服务优良、公正廉洁的税务管理体系。企业可以通过加强预算管理，有效识别评估业务及管理的内外部风险，优化资源配置，协调部门间的合作，为内部管理提供决策意见和建议，使每个部门都能发挥最大的效能。

第二节　财务管理与会计管理的关系、衔接和应用

财务管理作为现代企业经营管理工作的最为核心的内容和组成部分，其管理质量以及管理效率直接关系着现代企业的财务安全和发展前景。[①]

一、财务管理与会计管理之间的关系

财务管理在企业运行管理过程中占据至关重要的地位，企业要想获得持续稳定的发展，必须要建立起科学完善的管理制度，尤其是财务管理制度。企业的财务管理包括财务会计以及会计管理两部分。会计管理可以监测和评估企业的各项生产经营活动，为企业全局化管理提供视角，预测企业在发展过程中可能存在的财务风险，以及企业未来的发展方向。会计管理属于对内的会计，财务会计则属于对外的会计，财务会计主要负责对企业实际资金往来进行审计和监督，保证企业财务的健康发展。因此，会计管理只是财务管理的一部分，财务管理需统筹会计管理及财务会计。

---

① 王雪晶. 加强现代企业财务管理工作的思考[J]. 中国市场，2019（27）：2.

二、财务管理与会计管理的衔接和应用

(一) 建立健全会计管理制度

企业在进行会计管理制度制定的过程中,首先,需要充分结合企业的发展形势以及企业未来的发展方向,保障企业制定的财务管理制度和会计管理制度能够满足当前企业的实际发展需求,并做好第三方单位的监督工作,使得制度可以真正地落实下去,不能流于形式。其次,在企业财务管理的过程中,需要充分发挥会计管理的作用和功能,避免财务会计和会计管理的混淆,合理规划和科学划分资源配置,为企业的发展以及领导者的决策提供财务数据支持。最后,企业内部各项工作的职能部门需要进行积极的配合,不断整合财务会计和会计管理的工作内容,明确各职能部门相融合的发展要求,划分好各个部门以及员工之间的责任和义务,实现财务会计及会计管理之间的共同协作,使得财务管理活动可以顺利稳定地开展。

(二) 加强对会计管理人员的教育和培训

会计管理与财务管理工作的衔接和应用需要专业的会计管理人才的支持与参与,加强对现有的会计从业人员的培养以及教育也是十分必要的。需要根据企业当前发展的特点以及实际发展的要求对财务管理活动进行大面积的调整,打造新型会计人才队伍,要求所有的会计从业人员能够参与会计管理的培训工作并取得相关的证书。企业还应尽快建立新的工作模式,认识到人才培养的重要性,保证会计管理和财务会计能够科学地融合到一起。

(三) 加大计算机技术的应用力度

随着科学技术的不断发展和信息时代的全面到来,绝大多数的企业都已经实现了财务管理的信息化建设,信息共享速度以及传递速度越来越快,极大地提升了财务管理工作的质量和效率。企业内部会计管理及财务会计

的信息来源基本一致，因此，需要加大计算机技术的应用力度，进一步实现会计管理以及财务会计之间的信息数据共享，实现信息资源的高效利用。同时，企业还可以结合信息系统构建会计管理以及财务会计的信息目录，并对二者的信息数据进行系统的分类和整理，根据已经构建出来的目录建立起完善的数据管理系统，搭建对接会计管理以及财务会计的平台，并将平台与会计信息系统和企业内部的监督系统进行对接，在促进会计工作网络化发展以及信息化发展的同时，有效结合企业的管理工作以及财务工作。

（四）加强对会计管理的理论研究

从现实情况来看，在财务管理过程中应用会计管理已经取得了一定的成绩，但是仍然需要进一步优化和完善。在进行会计管理研究时，需要积极引入国内外高水平企业的管理理念，可以通过应用平衡计分法以及作业管理法等相关管理技术提高会计人员的工作积极性。相关人员在进行会计管理理论的研究过程中，必须要与实际情况相结合，做到实事求是，并制定明确清晰的目标。

（五）加强会计管理工具的应用

会计管理在与财务管理进行衔接的过程中，还要求会计管理的管理水平和工作水平长期处于较高的位置，不断向财务会计的相关工作靠拢。现代企业还需要在正确认识会计管理工具以及会计管理的基础之上，积极应用会计管理工具，进行会计管理工具与会计管理融合的探讨，使得企业财务管理可以与会计管理系统衔接到一起，充分发挥会计管理的作用和价值，提高信息的安全性和可靠性。会计管理对企业的决策制定以及企业的经济效益提升具有至关重要的作用。

第三节　会计管理的创新应用

一、会计管理的信息化应用

（一）会计管理的信息化应用现状

1. 对会计管理的认识不够。很多企业对财务工作的认识还停留在传统的会计核算上，财务部门的工作内容主要还是对日常报账单据的审核，当期税收的申报，会计凭证的制单，每月出具财务报表，报送给税务机关、银行等各机构。企业认为会计电算化就是会计管理信息化，没有认识到财务数据与管理数据的差别，没有认识到财务部门是企业的管理数据信息中心。企业的决策更多的是依靠管理者在粗略数据基础上的经验判断，一旦决策失误往往导致企业损失惨重，造成我国中小企业的平均续存时间相比国外企业较短。

2. 会计管理信息化建设的投入不够。首先，会计管理信息化要从企业战略的高度得到重视，企业领导不重视，不愿意投入，就会对企业会计管理的实施造成根本上的阻力。其次，企业要在财务等部门的组织架构、工作内容上进行调整，从工作方法上进行转变，涉及员工工作习惯的改变，有时候会遇到很大的阻力。最后，企业要在管理软件和信息化实施硬件上进行投入，从前期筹划到正式运营，需要投入大量的人力、物力和财力，产生效果需要一定的周期，见效晚、投入高，动辄上百万的投入，让很多企业望而却步。

3. 会计管理的信息化体系不完整。会计管理理论在不断发展，理论体系如何应用到企业的实践中是每个企业遇到的难题，没有一个标准的信息化模式可以适用于每个企业。每个企业在推进会计管理信息化建设的时候就会遇到很多困惑。

（二）探讨如何完善会计管理的信息化应用

1. 营造良好的信息化实施氛围。企业内部对信息化应用的接纳程度与持有的态度决定了会计管理信息化的高度和深度。会计管理是协助企业内部财务管理的重要手段，只有营造一个良好的内部环境，使信息化深入企业文化、员工思想和内部管理机制中，信息化应用才能得到发展。企业应充分宣扬创新思维，组织员工对标学习，开启头脑风暴，提高他们的积极性，使其可以更好地接纳信息化技术在企业中的使用。在信息化应用之初，要做好实际情况和需求的调研，在实施过程中群策群力，解决各种问题，在实施后做好总结和维护，为后期进行管理总结经验。

2. 财务管理架构的重新整合。以往的财务部门是按会计核算的需要来设置会计岗位的，会计岗位与会计科目紧密结合，如设置往来会计核算应收和应付账款，设置费用会计核算销售费用等三项费用，设置税务会计负责纳税申报和应交税金的核算与核对，设置总账会计负责出具资产负债表、损益表等财务会计报表，所有的人员配置都是围绕会计核算工作。

向会计管理转型，我们必须要对会计人员的岗位重新进行设置，对人力资源进行科学合理的分配，重新设置各岗位的职责。一般来说，财务部可以设置成以下几个模块。

（1）财务共享服务中心：该中心负责企业所有经济业务的会计核算工作，根据经营单位提交的原始凭证以及会计准则，统一会计科目、统一会计政策、统一核算流程，按照"三统一"的原则，设计标准的会计凭证，出具财务会计报表。

（2）资金管理中心：该中心负责企业资金风险的管理，结合各经营单位的资金需求，编制企业的资金平衡计划，根据计划筹措、调拨资金，对内部拆借进行结算，提高企业资金的收益。

（3）业务财务中心：该中心以每个经营单位为服务主体，负责各经营单位的财务管理工作，通常由预算会计、成本会计、资产会计组成，通过全面预算的管理工具对经营单位进行管理，利用本、量、利等分析法降低经营的成本，对存货、固定资产、应收账款等资产进行管理，保证账实相符，提高资产周转率，每月定期出具管理报表，提升经营单位的管理水平。

（4）内控管理中心：该中心负责整个企业财务内控体系的建设，根据经营管理过程中发现的问题完善相关制度，监督管理各财务中心的会计人员是否按内控体系的要求进行会计核算和经营管理。

3．会计管理的信息化应用。"工欲善其事，必先利其器。"要想发挥会计管理的作用，就必须对我们的财务管理工具进行改进，把企业经营的各个环节纳入信息系统中，提高管理的效率和效果。

设置财务共享服务中心集中进行会计核算，对于费用借支报账等比较成熟的会计核算推行网上报销系统。业务人员按设置好的格式和费用标准在网上填报费用单据，对原始报账的发票等单据进行影像上传，实行网上审批。审批结束后，自动生成会计凭证，会计核算人员审核后记账，降低人工核单的误判和劳动量，节约单据流转的时间，提高了效率。

在整个企业推行统一的企业资源计划（ERP）系统，从销售接订单—采购材料—材料入出库—生产—完工入库—销售出库—应收回款等企业经营各个环节对经营全过程进行系统管控，最终形成会计管理的经营数据。梳理企业的管理流程和标准，明确每个部门的职责，确定各项经营数据之间的关系和逻辑，打通数据的联结通道，通过ERP共享部门间的信息，把一个个信息孤岛集成起来，保证数据的一致性、准确性和时效性，充分发挥企业信息系统的作用，迅速提高企业的生产效率和对市场需求敏捷的应变能力。

对于制造业而言，生产环节是成本管控的难点，可以通过制造执行（MES）系统实现生产过程信息化。MES系统从ERP系统得到工作工单，并将工作命令进行细化、调度、排产，对制造过程进行指引、控制，采集制造过程中的原料批次信息、生产信息和质量信息，并将采集到的生产信息及时反馈到ERP中,从而与ERP连接起来,及时掌握生产现场的信息。

复杂的股权结构,重叠的控股关系,跨地区、跨行业的经营模式,造成企业所有银行账户的结余存款汇集起来是很大一笔闲置资金。同时,资金管理难度大,企业可与银行合作开发适合自身需求的银行账户交易管理系统,加强结算管理、内部信贷管理、内部账户管理、融资管理、投资理财、票据管理、信用证管理、资金监控,提高企业对资金的管理水平,盘活资金,加速资金周转,提高资金的使用效益。

企业应不断开展学习培训,不断完善信息化工作。通过会计管理信息化调动整个企业的人员参与进来,形成合力。信息化工作一定要作为"一把手工程"来抓,制订详细的实施计划,充分调研需求,仔细选择信息化软件,全员参与实施,在各阶段做好岗位的培训工作,使员工能熟练操作信息化系统,会计人员要加强对信息数据准确性、及时性的关注,保持信息系统长期稳定运行。信息化的实施没有终点,企业的生产规模、经营范围不断扩大,又会遇到新的问题,企业要不断结合自身的情况调整会计管理信息化的重心,助力企业的发展。

二、战略会计管理应用

(一)战略会计管理的职能

从财务管理的角度来看,战略会计管理也属于会计范畴,而从企业管理的层面来定位,战略会计管理实际上是一种视角更为开阔的管理理念。因此,战略会计管理既是一种财务管理方法,又是一种企业管理理念,而且其将随着企业管理及财务管理的发展变革而逐渐上升为今后会计管理系统的核心理念,即战略管理理念。

要探讨战略会计管理在我国企业中的具体应用,首先要明确其职能,这包括核算、预测、决策、规划、控制、评价、激励等各个方面:一是战略会计管理具有成本核算的基本职能。战略会计管理的成本核算职能体现在成本核算的方法上，涉及成本核算的基本方法、辅助方法和日常方法等，还包括基于战略管理的成本核算方法；二是战略会计管理具有预测、决策的重要职能。预测、决策职能包括了预测分析、战略决策和战术决策等，对销售、利润和成本进行科学预测，对企业的经营类型和范围进行决策，选择企业的战略目标，协助管理者进行战略定位决策，以及对经营产品的品种进行决策与修正等诸多方面；三是战略会计管理具有规划、控制的重要职能。规划、控制职能主要体现在预算管理和成本控制两个方面。其中，预算管理包括编制业务预算以及作业预算等；成本控制是在成本核算的基础上进行的，通过定额成本法和标准成本法对经营成本进行差异分析，优化产品成本分析和价值链管理，提升企业的全面质量管理水平；四是战略会计管理具有评价、激励职能。战略会计管理的评价、激励职能包括业绩评价和业绩激励。其中，业绩评价是基于战略管理理念对成本中心、利润中心和投资中心的业绩评价指标进行修正和优化。而业绩激励则是对经营者与职工贡献成果的鼓励。实际上，基于战略高度的业绩评价系统有利于对企业战略的实现程度进行全方位的综合评价，打破了单纯财务视角的束缚，因此这将是今后我国企业发展必不可少的重要应用系统之一。

（二）战略会计管理在我国的具体应用

近年来，战略会计管理的理论和方法也被大量引用和借鉴，相关的研究也很多，但是基本上处于引用西方战略会计管理理论的初级阶段，尚无对该理论的进一步本土化提炼。战略会计管理从理论探索到科学实践，必然要经历一个漫长的过程，也肯定会遇到一系列难题。下面我们对战略会计管理在我国企业的具体应用情况进行概括分析。

首先，我国战略会计管理应用尚处于探索期。战略会计管理对管理的实质进行了革新，其要求企业从传统的单纯关注企业内部管理转向兼顾内部、外部两方面的战略管理，而这种管理理念、方向、模式的转变，客观上需要一个漫长的时期。因此，有学者就将其总结为战略会计管理应用的探索期。目前，战略会计管理在我国企业中的应用所处的水平：一是我国企业对战略会计管理的需求不大。这是因为国内企业内部的管理模式与我国社会主义市场经济体制尚未完美接轨，现代企业制度尚未完全建立起来，这是国内企业主观上需求不高的因素；二是我国对于战略会计管理理论的普及程度也不够高，重点普及的是财务会计等会计学科，而会计管理处于"冷门"的尴尬位置，这也在客观上导致了战略会计管理理论研究与发展的滞后。

其次，我国企业普遍忽视会计管理的重要性。我国大多数企业将财务管理工作的重点放在财务会计上，企业经营过程中一直走着"重财务会计，轻会计管理"的弯路，忽视了会计管理的重要职能和价值。一些大型企业实行了会计管理，但是其数据来源仍然依靠财务会计的核算，而且会计管理过度依赖财务会计报告，因此没有真正发挥出会计管理的各项职能作用。实际上，财务会计侧重于对各项数据的核算，而会计管理更注重将这些数据投放到企业管理的各个环节之中，以指导企业管理实践工作。上述现状导致会计管理在我国部分企业形同虚设，这就导致战略会计管理无法施展其作用，达不到通过目标成本管理促进企业管理更上一层楼的理想效果。

最后，我国会计行业缺乏战略会计管理人才。财务会计是一个专业岗位，也是一个最为常见的会计分支，其涉及面相对较窄，重点在于专业性非常强。而战略会计管理则涉及非常广泛的知识面，既要求会计人员掌握会计专业知识，还要求其对经济学、管理学、统计学、战略管理以及市场营销等领域了如指掌，否则难以适应战略会计管理岗位的需求。目前，我国会计从业人员集中在财务会计领域，而对会计管理人才的培育却相对缓慢。这一方面受到企业对会计管理需求不高的影响；另一方面也与学习者自身的职业规划理念有着密不可分的关联。战略会计管理是会计管理中的一个分支，但是其涉及的学科相对较多，因此对学习者的学习能力和综合素质也有较高的要求，这也是造成现阶段我国对战略会计管理人才的培养欲速不达的一个重要因素。

此外，我国大多数企业也是基于财务会计而建立和发展起来的，因此目前的企业环境对战略会计管理的生存和发展也有着一定的阻碍和抑制作用。

（三）推动战略会计管理在我国企业中的应用对策研究

在全球经济一体化的新经济时代，战略管理理念对于协助企业实施战略管理是大有裨益的，因此我们要积极研究战略会计管理在我国企业的应用。西方的相关理论是基于发达国家的市场经济条件而建立起来的，因此完全照搬必然不适应于我国的基本国情，我们必须根据自己的实际情况，参照国外现有的理论进行有的放矢的探索，设计出一套符合我国企业实际需求的战略会计管理体系。

政府应积极引导国内企业更新经营理念。战略管理理念是战略会计管理的灵魂驱动，政府应积极引导和鼓励国内大型企业完善自身的管理理念，重点要在现有的管理体制中加入战略管理理念。企业管理者掌握了战略管理理念，再逐级渗透这种战略思想，将战略管理思想分布到企业的各个层面，其中就包括对财务系统的战略升级。企业要积极响应政府的引导，引入战略会计管理的相关理念，尽快发挥战略会计管理的重要价值，让战略会计管理更好地为企业战略决策服务。

国内企业应强化战略会计管理的实际操作程序。有了战略管理理念这一重要的方法论，企业需要针对战略会计管理的具体实施方法进行结构上的设计和落实，即强化战略会计管理的实际操作。一方面，要在实践中积极推行战略会计管理，对已经成功运用战略会计管理的典型案例进行深入学习和总结，如对国内青岛啤酒集团成功运用战略会计管理提高核心竞争力、创建国际化大企业的典范进行研究；另一方面，企业还要加快会计信息系统的建设步伐，这是为了让企业内部各个管理系统能够共享企业的知识库和数据库，对传统会计信息系统的功能进行补充和扩容，有利于更好地向战略管理决策者提供信息。

加强战略会计管理理论知识普及与业务拓展。管理理念、操作方法都是实施战略会计管理制度的必备客观条件，而会计管理人才的培养则是最为重要的主观因素。要想提高会计管理的应用水平，管理者的态度是至关重要的。目前，我国对战略会计管理的研究尚处于初期发展阶段，对战略会计管理的理论普及程度还不够。因此，我们要寻找突破口，对经营管理者及会计人员进行战略会计管理相关知识的普及和培训，增加管理者的战略管理理论知识，提高会计人员的战略管理水平。企业可以通过定期培训、脱产培训、案例学习、专家讲座等多种教育方式强化企业内部的战略管理观念，打造战略管理的企业文化。

参考文献

[1]董艳丽.新时代背景下的财务管理研究[M].长春：吉林人民出版社，2019.

[2]黄延霞.财务会计管理研究[M].北京：经济日报出版社，2018.

[3]景秋云，吴萌，吴韶颖.财务管理理论与实务研究[M].北京：中国商业出版社，2018.

[4]李雪.现代企业管理创新与实践探究[M].长春：吉林人民出版社，2019.

[5]陶月英.财务管理实践创新研究[M].咸阳：西北农林科技大学出版社，2017.

[6]王庆龄.高校财务管理实践与创新[M].延吉：延边大学出版社，2019.

[7]王雅姝.大数据背景下的企业管理创新与实践[M].北京：九州出版社，2019.

[8]叶怡雄.企业财务管理创新实践[M].北京：九州出版社，2021.

[9]张志勇.财务管理创新与现代内部审计研究[M].哈尔滨：东北林业大学出版社，2019.

[10]赵翔宇.高校财务管理改革与创新研究[M].北京：北京工业大学出版社，2023.